浙江省一流学科 A 类建设项目
杭州师范大学“攀登工程”二期建设项目经费资助

# 基于话语模型理论的中日韩指示词研究

郭玉英 著

**图书在版编目（CIP）数据**

基于话语模型理论的中日韩指示词研究 / 郭玉英著 .
-- 杭州 : 浙江工商大学出版社，2017.2
ISBN 978-7-5178-1863-2

Ⅰ．①基… Ⅱ．①郭… Ⅲ．①词语—对比研究—汉语、日语、朝鲜语 Ⅳ．①H136 ②H363 ③H553

中国版本图书馆 CIP 数据核字（2016）第 249732 号

**基于话语模型理论的中日韩指示词研究**

郭玉英　著

---

**责任编辑**　姚　媛
**封面设计**　林朦朦
**责任印制**　包建辉
**出版发行**　浙江工商大学出版社
（杭州市教工路 198 号　邮政编码 310012）
（E-mail: zjgsupress@163.com）
电话：0571-88904970，88831806（传真）
**排　　版**　杭州雅蒙斋文化创意有限公司
**印　　刷**　杭州恒力通印务有限公司
**开　　本**　800mm×1230mm 1/32
**印　　张**　8.125
**字　　数**　210 千
**版　　次**　2017 年 2 月第 1 版　2017 年 2 月第 1 次印刷
**书　　号**　ISBN 978-7-5178-1863-2
**定　　价**　28.00 元

---

# 目　次

# 序 論

## 1. 研究動機と目的

本研究は、日本語・中国語・韓国語の指示詞を研究対象とし、一連の談話での指示詞の現場指示用法と文脈指示用法を比較対照したものである。

しばしば指摘されるように、日本語は高文脈言語（High Context Language）であり、話し手は聞き手や周囲の状況、前後の文脈を考慮せずに、敬語やモダリティ、代名詞などを使うことはできない。そのような、発話状況や文脈に依存する表現のひとつに指示詞がある。日本語の指示詞研究は、古くから国語学、日本語学の分野において多大な関心が持たれており、それに関わる論文も多数存在している。しかしその多くが現場指示と文脈指示のいずれかを中心とする研究であり、両用法を統一的に説明しようとする研究はほとんど見られない。本研究では、日本語の指示詞の体系を記述するにあたって、自然で普遍性のある原則や制約を談話モデルと組み合わせることにより、細部まで説明できるような構造を持たせることを目的とする。

さらに、そのモデルに基づき、日本語と同様の指示体系をなす韓国語、及び異なる指示体系をなす中国語（表1）との比較対照研究を行い、各言語の相違点を分析し、ダイクシスの特性を探りたい。

表1 日中韓三言語の指示詞

| | 日 | 韓 | 中 |
|---|---|---|---|
| 近 | コ | 이（i） | 这（zhe） |
| 中 | ソ | 그（ku） | — |
| 遠 | ア | 저（Ce） | 那（na） |

## 2. 理論上の枠組み

指示詞の分析は、伝統的に「現場指示（眼前指示）」と「文脈指示」に分けて行われることが多い。詳細は次章以降に譲るが、「現場指示」とは、話し手と聞き手が同一の場にいるとき、その場に存在する事物を指示する用法であり、「文脈指示」とは、対話や文章、内言・独白などにおいて、自分や相手が発した言語表現を指示の対象にする用法である。

本論文では、金水・田窪や東郷の談話管理理論を批判的に検討した上で、それらの理論を発展させ、上記の各用法に見られる原理の共通点と相違点を明らかにしたい。また、上の考察に基づいて 3 項指示詞体系を持つ韓国語と 2 項指示詞体系を持つ中国語の特徴との対応関係を検討する。

## 3. 研究方法

### <理論的な方法>

日本語、中国語と韓国語という三つの言語を分析対象とすることから、対照言語学的方法を用いる。すなわち、基本となる言語と対象言語を対照することによってその目標言語の特徴を明らかにするという対照分析の手法をとる。まず、日本語を基本言語として、その指示詞の用法について詳細に検討する。ついで、その知見に基づいて対象言語である中国語と韓国語の指示詞を日本語の指示詞と個別に比較し分析を行う。

### <実証的な方法>

日本語・中国語・韓国語それぞれの言語における指示詞の共通点や相違点を明確に分析するため、以下の方法で用例を収集した。

1）日中韓のパラレル・テクスト（文学作品や新聞記事など）

2）自然談話
3）母語話者によるインフォーマント・チェック

まず、三言語の指示詞の対応関係と相違点を明確に捉えるため、文学作品など日中韓のパラレル・テクストから基本データを抽出する。しかし、日常の会話で用いられる指示詞と文章語に見られる指示詞では、使われ方にズレが見られることがあるので、母語話者によるインフォーマント・チェックや自然談話の録音などによるデータの分析も行う。

## 4. 本書の構成

本書は「序論」「本論」「結論」に分け、本論は二部、全7章で構成される。

序論では、研究の目的、理論上の枠組みと研究方法、本書の構成について述べた。

第一部では、日本語指示詞を扱う。

第1章では、日本語指示詞の研究を概観する。第2章では日本語指示詞の先行研究を踏まえて、本研究における理論的枠組を述べる。第3章では、日本語指示詞の現場指示用法について考察する。そして、第4章では、文脈指示用法に関する先行研究を批判的に検討した上で、実例を挙げながら、談話モデルでの解析を行う。最後に第5章では、両用法の統一的分析を試みる。

第二部では、日本語と中国語・韓国語の指示詞の対照研究を行う。

第6章では、日本語と中国語の指示詞の対照研究を行う。第7章では、日本語と韓国語の指示詞の対照研究を行う。

最後に結論では、日中韓三言語の指示詞の相違点をまとめ、今後の残された課題について考える。

# 第1部
# 日本語指示詞

# 第 1 章 指示詞研究の概観

序論で述べたとおり、対照分析はいずれかの言語の視点に立って行わなければならない。この論文では、日本語指示詞の詳細な分析を行った上で、日本語の視点に立って中国語と韓国語の指示詞と対照し、その異同を探ることが目的である。そのために、まず本章では、日本語指示詞のコ・ソ・アについて、その主な研究を概観する。

ここでは先行研究を、(i) 一人称と二人称の関係に対応するとする説、(ii) 談話の「場」と会話参加者の知識による認知論的アプローチ、の二つに分けて、両者を批判的に検討していきたい。1.1 節では佐久間、三上、久野による人称区分説を、1.2 節ではそれに対する反論として、話し手の領域を重視する堀口と黒田の仮説を、1.3 節では距離区分説と人称区分説の折衷案を、そして 1.4 節で認知論的知識モデルを取り上げる。最後に 1.5 節でまとめとして本研究の課題を述べる。

## 1.1 人称区分説

日本語指示詞のコ・ソ・ア三系列の使い分けを、単に近中遠といった話者と対象との空間的、時間的または心理的な距離の差異という要因に帰する「距離区分説」は、話し手および聞き手と指示対象との相対関係に依存するという「人称区分説」によって否定されたと言ってよい。後者の論は主に佐久間、三上、久野らによって説かれたものである。

### 1.1.1 佐久間：距離区分説から人称区分説へ

指示詞の研究史というと、佐久間鼎の研究（佐久間 1936/1951

『現代日本語の表現と語法』）から語り始めるのがほぼ常識となっている。その最大の発見として、品詞分類を超えた指示詞のパラダイムの存在を見出したことと、ソを聞き手領域を指示するものと規定したことの二点が挙げられることが多い。

佐久間は本来距離的な区分として与えられた「近称（コ系）・中称（ソ系）・遠称（ア系）」を批判して、「かのいわゆる近称・中称・遠称の差別は、この自称・対称・他称という、対話の場における対立関係に対して、内面的な交渉をもつ」とし、次のように規定している。

> 「これ」という場合の物や事は、発言者・話手の手のとどく範囲、いわばその勢力圏内にあるものなのです。また、「それ」は、話し相手の手のとどく範囲、自由に取れる区域内のものをさすのです。こうした勢力圏外にあるものが、すべて「あれ」に属します。
>
> （佐久間 1951:22）

しかし、佐久間の人称区分説において問題になるのは、現場指示用法と文脈指示用法の関連である。この点については、次のように述べている。

> 話の進行の中では、「それ」とか「その」とか「そこで」とか「その時」とか、いう文句がよく使われますが、これは、対話の際相手のいう事をこういう語でさすのと、同趣のものと思います。
>
> （中略）
>
> もちろん、前に述べた事柄や品物を指すのに「それ・その」などを用いる場合は、たくさんありますので、話

し相手だけに限ることは出来ませんが、こういう場合に、ある程度までは「これ・この」などでさすことも出来るようです。しかし大体、眼前の事象をさして「これ・この」を用いるに対し、話された事件などで現に相手との間に話題になっている場合には、「それ・その」でさすのが普通で、また自然でしょう。

(佐久間 1951:24)

ここで、現場指示用法と文脈指示用法の区別があるということを示唆していると読むことは可能だが、結局文脈指示を「現に相手との間に話題になっている」という理由でソ系列の用法に帰している。このように、指示詞の文脈指示は、見出されると同時に新たな問題の焦点になったといえる。

### 1.1.2 三上：楕円的対立と円的対立

三上（1970）は「人称区分説」において区別されていなかった「直接指示（deictic）」と「文脈承前（anaphoric）」という区別を導入し、「人称区分説」だけではなく「距離区分説」をも取り込んで、一貫した指示詞の体系を打ち立てた。

三上は、直接指示用法におけるコレ・ソレ・アレは、「同一平面を同時的に分割」する triplet な対立（三項対立）ではなく、①コレ対ソレと、②コレ対アレからなる「異質的な」double binary の対立（二項対立）であると主張した。三上によれば、①のコレ対ソレは楕円的対立、すなわち「相手と話し手との原始的な対立」をなしており、この段階ではアレはまだ現れてこない。一方、②のコレ対アレは円的対立、すなわち、相手と話し手とが「肩を並べ（…）『我々』として『ぐる』」になっていて、「相手自身は消えることはないが、『ソレ』の領分は没収」されてしまうという。

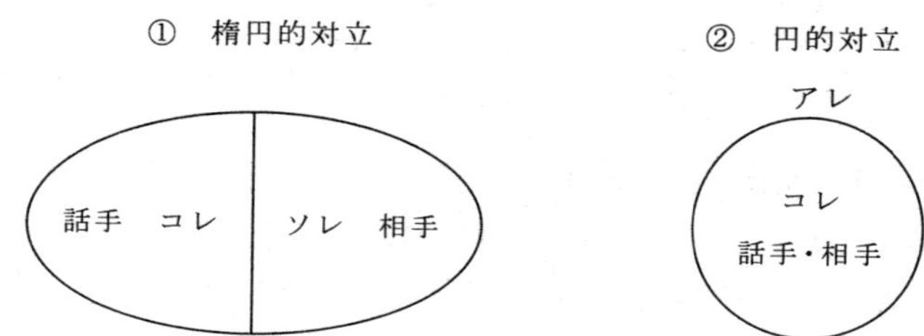


**図1 楕円的対立と円的対立**

さらに三上は、コレ・ソレ・アレのうち、ソレ系列だけが文脈承前用法を持っていると結論している。三上によれば、コレは「事物を会話の場面へ引入れての指示（…）つまり deictic（直示)」であり、アレも「いつも deictic であって」、眼前指示に限らず、「文脈によっても、両者［＝話手・相手］共通の遠方（時間的・空間的）が形成され」さえすればよい。一方、ソレは、(アレのように)「文脈の中に現れる事物が両者に共通な遠方にあるのでもなく」、また（コレのように)「話し手がそれを場面に引入れるという特質を持つのでもないとき」、「それを中立的に受け」、anaphoric（文脈承前）になるのである。つまり、直接指示用法における②のアレ対コレの対立で領域を没収されたソレ系列が、文脈承前の役割を担うと考えたのである。これにより、「ソシテ」、「ソレガ」などのように、「ソレ系列だけに形式化が起こって意味が中性化」するという現象も説明しようとした。

以上のような、三項対立を二項対立に還元しようとする分析は画期的で非常に興味深い。しかしながら、「事物を会話の場面へ引入れての指示」を現場指示（三上の言う「眼前指示」）と同一視できると考える根拠が不明であり、結局は三上においてもやはり、現場指示と文脈指示の区別が恣意的であると言わざるを得ない。この点は次の久野（1973）によって、きびしく批判された点である。

### 1.1.3 久野：聞き手の知識

久野（1973）は三上の anaphora の用法を問題にする。三上は、ア系列に関して一見文脈指示に思われるような場合であっても、「[ 話手・相手 ] 両者に共通な遠方（空間的・時間的）の事物を指す」と説明すれば事足りるとし、ア系列は常に deictic であると一般化して考えたが、久野（1973:190）は「この generalization（一般化）からア系列の文脈指示用法を全て予想することは困難」であり、三上の定義では「何を称して、話し手、聞き手に共通の遠方と呼び得るか、は（…）判断することができない」と反論する。そして、文脈指示用法におけるコ・ソ・アの使い分けを、話し手と聞き手の知識状態を通して説明しようとして、まず「アー系列」と「ソー系列」に関して次のように定式化した。

アー系列：その代名詞の実世界における指示対象を、話し手、聞き手ともによく知っている場合にのみ用いられる。

ソー系列：話し手自身が指示対象をよく知っているが、聞き手が指示対象をよく知っていないだろうと想定した場合、あるいは、話し手自身が指示対象をよく知らない場合に用いられる。

（久野 1973：185）

たとえば、(1) では、A は山田をよく知っており、さらに聞き手も山田のことを直接知っていることを知っているため、「ア」

を用いている。Bの「ア」も同様の理由による。一方、(2)では、まずAは聞き手が山田を知っているかどうか確かではないために「ソ」を用いており、Bもまた山田という人物が自分の知っている人かどうか分からないために、やはり「ソ」を使っている。

(1) A: 昨日、山田さんに初めて会いました。{あの/*その}人随分変わった人ですね。
　B: {あの/*その}人は変人ですよ。
(2) A: 昨日山田さんという人に会いました。{その/*あの}人、道に迷っていたので、助けてあげました。
　B: {その/*あの}人、ひげをはやした中年のひとでしょう？

他方、コー系列については眼前指示代名詞的色彩が強く、目に見えないものを指す場合でも、あたかもその事物が目前にあるかのように、生き生きと叙述する時に用いられるとして、次の例を挙げている。

(3) 僕の友達に山田という人がいるんですが、<u>この男</u>はなかなかの理論家で…

ただし、久野（1973：189）は眼前指示のコと目に見えないものを指す文脈指示のコの違いも二点指摘している。第一に、眼前指示のコは(4)のように、どちらの話し手も使うことができるが、文脈指示ではそれはできない。たとえば、(3)に続けて、相手が(5)を発話するとき、ソまたはアのみが可能である。

(4) A: <u>これ</u>、なんですか。
　B: <u>これ</u>、エンゲージリングよ。

(5) ああ、{その /あの /*この} 人なら、僕も知っていますよ。

第二に、文脈指示のコは話し手だけがその指示対象を知っている場合にしか用いられない。たとえば、(6) の発話によって、山田が二人の共通の知人であることが確認されると、山田を指すのに聞き手はソを使えず、話し手もコを用いることができなくなり、これ以降はアが現れることになる。

(6) ああ、{その /あの /*この} 人なら、僕も知っていますよ。{あの /*その /*この} 人は随分議論好きですね。

久野（1973）は文脈指示に関して示唆に富む論考ではあるが、やはり眼前指示（現場指示）との関連性の指摘がない点に不満が残る。

## 1.2 人称区分説への批判

1. 1 節で見てきた人称区分説に対して、話し手の役割を重視する提案が、堀口（1978）や黒田（1979）などによってなされている。

### 1.2.1 堀口：聞き手の消去

堀口（1978）は、指示詞の用法を現場指示・文脈指示・観念指示・絶対指示の四つに分け、それぞれについて幅広い現象を説明しようとしている。彼はまず、現場指示の用法において、「ソ系で指示表現する対象は聞き手の領域内のものである」という主張を否定し、「話し手の領域外」であってしかも「聞き手の領域外」である「中立の領域」にある対象も、ソ系で表されると述べ、今まで通説化されてきた「ソ＝聞き手の領域」という規定をはずし、コ・ソ・アの機能を次のように説明した。

(7) コ系列：自己に関わり強いとする対象を強烈に指示する。
　　ソ系列：自己に関わり弱いとする対象を平静に指示する。
　　ア系列：自己に関わり強いとする対象で遥かな存在だと捉えるものを強烈に指示する。

ここで、コ・アの「強烈的指示」とソの「平静的指示」が対立し、コとアは「遥か」かそうでないかの心理的距離によって分類されている。つまり、コ・ソ・アの使い分けはすべて話し手の主観的判断による認識的な問題だとするのである。しかし、自己に関わりが「強い」「弱い」、あるいは指示が「強烈的」「平静的」というのは一体どのような尺度であろうか。理論的な定義がない以上、あくまで感覚的な議論にとどまると言わざるを得ない。

### 1.2.2 黒田：話し手のみの知識

黒田（1979）も堀口と同様に、指示詞の特徴記述から聞き手を消去する。黒田は「聞き手の知識」という使用される状況や場面に関わる条件と、指示詞本来の機能を区別できるかどうかという視点から考察を始める。そしてコトバの「本来の用法」を探るため、聞き手の知の「介入する余地」がない「独り言」に注目し、話し手の知識状態だけで指示詞の選択が規定されるということを示していくのである。

黒田は、はじめに指示用法を独立的用法と照応的用法に分けたうえで、照応的用法に関しては、「ソ」も「ア」も独り言で使えるとして、以下の例を挙げている。

(8) 山田さんは中田先生とかいう人のことばかり話していたけれど、その人はそんなに偉い人なのだろうか。
(9) 今日山田さんにあったけど、あの人と会ったのは一体何年ぶりのことだろう。

久野は「文脈指示」用法におけるソの規定に聞き手の知識を含めていた。しかし、独り言である (8) の「照応指示」においては、もはや「聞き手の知識」の介入余地はないにも関わらずソが使える。さらに久野は、「文脈指示」用法におけるアの規定として、「指示対象を、話し手、聞き手ともによく知っている場合にのみ用いられる」としていたが、(9) のように独り言でアを用いることができるとすると、やはり久野の規定は不充分であると言わざるを得ない。

また、照応的用法の対話における例としては、(10) が問題となる。

(10) 今日神田で火事があった。{あの /*その} 火事のことだから、人が何人も死んだと思うよ。

(10) では、話し手は火事のことをよく知っており、聞き手はよく知らないので、久野の一般化では、ソが予測されるが、事実は逆で、アが適切である。

黒田は、直接的知識を持っているということは「知識の主体はその対象について、原則上は、無限の知識を持っているということ」であり、これに対して、概念的知識を持っているということは「ある対象についての我々の知識が単に概念的であれば、我々の知識はその概念に限定されている」という。「その火事」というと、概念的な知識しか呈示されないため、「人が何人も死んだ」ことの根拠とはなりえず、ソが不適切となる。つまり、話し手にとって対話以前に経験によって得られた「直接的知識」であるのか、対話中に伝聞によって得られた「概念的知識」であるのかがアとソを分ける主要な要因なのである。つまり、「『あの火事のことだから』という言外には、『神田の火事』という概念だけからでは知り得ない話し手の直接知識に基づいて、話し手が『人が死んだだろう』という推定を下しているという意が含まれる」ために、アが適切となるのである。

かくして､文脈指示に関しては､「聞き手」という概念を避けて、以下のような一般化が可能である。

(11)　ア系列: 話し手の直接的知識に基づいて指示する。
　　　ソ系列: 話し手の概念的知識に基づいて指示する。

黒田のこの論文は堀口よりも明快に話し手の役割の重要性を明らかにしている。ただし、そこには「コ」に関する分析が含まれていないという以外に、現場指示については聞き手の概念を排除することができないという問題がある。黒田は「対象が聞き手のそばにあれば、話し手は聞き手がその対象について自分よりも有利な立場にあり、聞き手が自分には到達し得ない直接的知識を持ちうる」と述べ､結局､「ソ」は文脈指示においては概念的知識を、現場指示においては他者の直接的知識を、自己（意識）の直接的知識ではないものとして把握するものであるという、かなり複雑な定式化を余儀なくされている。しかし、なぜ現場指示においては聞き手の存在を考慮に入れた相対的な定式化になってしまうのかという説明はない。

## 1.3 距離区分説と人称区分説の折衷案

以上の節で見てきた考察に対して､阪田（1971）と李（2002）は、日本語指示用法には「聞き手の領域」と関わるものとそうでないものがあるとし､「距離区分説」と「人称区分説」の折衷案を提案した。

### 1.3.1 阪田：「われわれ」領域

阪田（1971）は佐久間の「話し手のなわばり」「聞き手のなわばり」に加え、両者が対立しない「われわれのなわばり」を提案し、「コ・ソ・ア」の現場指示用法と文脈指示用法を次のようにまとめている。

（12）a. 話し手自身を中心と考え、話し手自身の領域の中にあるものと外にあるものに分ける。すなわち、話し手は空間的・心理的に身近なものは自己の領域内のものと認め、コ系で指示し、自己の領域外のものと認めたものをソ系で指示する。

b. 話し手は聞き手をも自分の領域内に包みこんで、「われわれ」という一つの領域をつくり、その領域内に属すると認めたものをコ系で指示し、領域外のものであると認めたものをソ系、あるいはア系で指示する。

まず、（12）aについては、現場指示の場合、話し手と相手が対面している状況において、話し手の領域外と認めるものは相手に近いものであり、「聞き手のなわばり」に属するため、ソ系で指示される。文脈指示の場合、さらに「対話」と「文章」に分類されている。「対話」では、話し手の発言内容は自分の領域内としてコ系で、相手の発話内容は自分の領域外としてソ系で指示する。一方「文章」では、先行の叙述内容を主体的に捉えた場合は自分の領域内としてコ系で、客観的に捉えた場合は領域外としてソ系で指示すると阪田は説明する。また、ア系については、「過去を思い出して語るような場合に用いられる」と述べ、話し手の意識の中にあるものを客観的な時間と隔たりのあるものとして、ア系が用いられるという。

次に、(12)b については、現場指示の場合、話し手と相手が一体となった状況において、「われわれ」領域内のものはコ系で指示される一方、「われわれ」領域外のもので、比較的近いものはソ系で、遠く離れたものはア系で指示される。文脈指示の場合、話し手と聞き手は共通の話題を通常ソ系で指示するが、主体的な意識で「われわれ」の身近のものと捉える場合はコ系が用いられ、特にその話題が両者の共通の知識であればア系が用いられるとする。

阪田の論は、現場指示と文脈指示を無理なく説明しているが、ア系指示詞について、a では現場指示と文脈指示と区別して扱っているのに対し、b では文脈指示に含めているなど説明に一貫しないところが見られる。

### 1.3.2 李：「対立型」と「融合型」

阪田の研究を発展させた研究として、李（2002）が挙げられる。李は、まず指示対象をめぐる話し手と聞き手の関係において、話し手が聞き手の視点をどう参照するかによって、両者の関係を (13) のように整理する。さらに従来の現場指示・文脈指示ではなく、「知覚対象指示・観念対象指示」という分類を採用している。(13) の規定とコ・ソ・アの関係は図２と図３に示される。

(13)　対立関係：聞き手の視点を外在的に対立させる。
　　　融合関係：聞き手の視点が話し手に内面化され、同一化される。
　　　中立関係：聞き手の視点を同一化も対立化もしない。

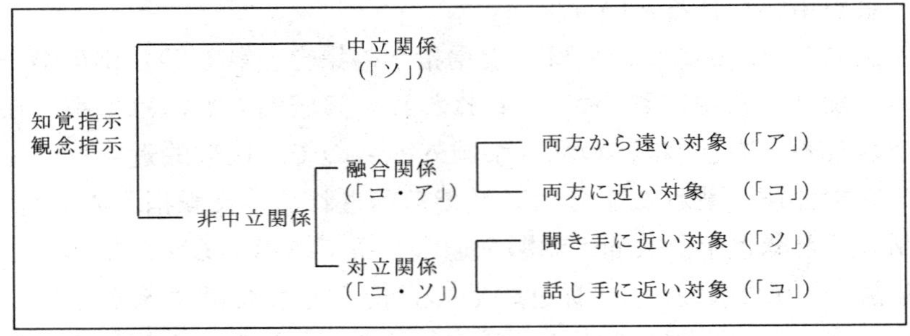


図 2 (李 2002:76, 104)

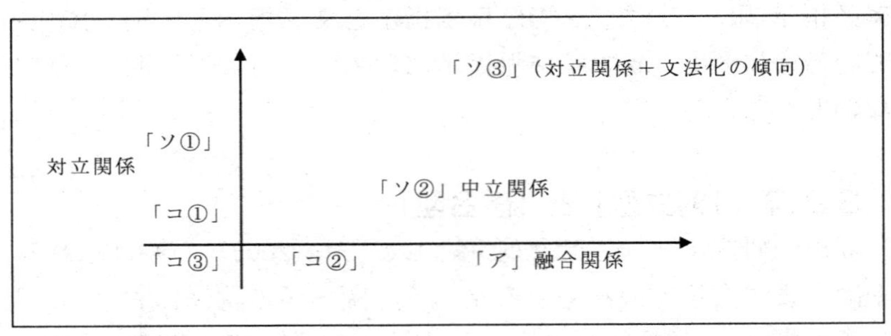


図 3 (李 2002:103)

李は観念指示のソ系に、従来指摘されているような聞き手が優位にかかわるものがあることを認めつつ、聞き手では説明がつかない、ソ系が話し手自らの発言を承ける例の位置づけを試みている。この場合、話し手と聞き手は情報をめぐる共有関係において対等であることから、李は図 2 と図 3 の「対立関係」のソ系を認めるに至る。そして、このような例と平行的な関係にあるものとして、知覚指示の「(タクシーの客が運転手に) その角を曲がってください。」といった例を挙げている。このような例においてソ系を用いるのは、聞き手に近いという理由ではなく、話し手と聞き手の双方が優位に関わり得ない「中正・中立の領域」だからであると李は説明する。

李の研究は、従来の研究に比べてソ系を積極的に位置づけている点で評価できるが、問題点としては分類に終始している感が否めないことと、指示詞に中心的な用法、周辺的な用法があることを指摘しているものの、その関係が明確ではないということが挙げられる。

## 1.4 知識モデル

本節では認知的アプローチの中でも、発話の「場」を形式化する理論を取り上げる。まず、Yoshimoto（吉本）よる知識の階層的モデルを、つぎに金水・田窪による談話管理理論を、最後に東郷による談話モデルを検討する。

### 1.4.1 Yoshimoto：階層的モデル

指示詞のさまざまな用法を説明するために、Yoshimoto（1986）は「階層的モデル」を用いている。このモデルは図 4 で示される。まず、長期記憶（long-term memory）には、すべての経験を理解するための知識、すなわち、世界知識や文法・辞書などの言語知識が蓄えられている。他方、談話記憶（discourse memory）には、理解された経験や言葉が一時蓄えられる。最後に、出来事記憶（episodic memory）には、後まで記憶される個々の特徴的な事物や出来事が蓄えられる。

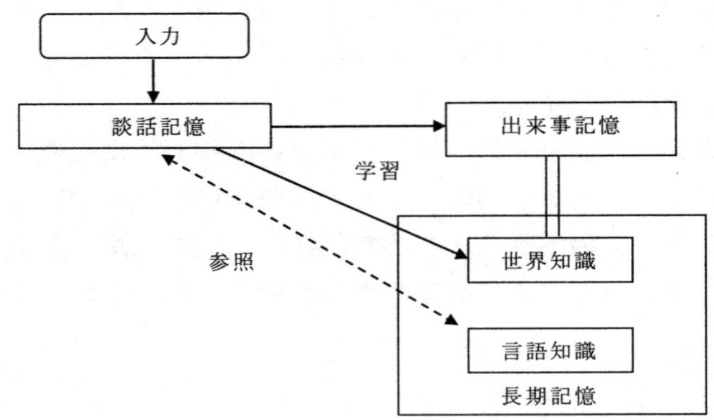


**図 4 階層的記憶モデル（Yoshimoto 1986）**

上に述べた記憶モデルに基づく指示は、指示物が外界、出来事記憶、または談話記憶を参照して同定される「直接指示」と、指示物が長期記憶を参照して同定される「間接指示」に分かれる。直接指示はさらに現場指示（deixis）と文脈指示（anaphora）に、間接指示は唯一指示（unique reference）と総称指示（generic reference）に分類される。ここで、現場指示は外界または出来事記憶に、文脈指示は談話記憶に基づいてそれぞれ指示物の同定が行われる場合だとしている。

まずコ・ソ・アの現場指示用法においては、Yoshimotoは、阪田（1971）や正保（1981）が指摘した「中距離のソ」もしくは「弛緩したソ」を説明するために、佐久間（1936）の「なわばり」もしくは「勢力範囲」という概念をより明確にした「個人空間」および「会話空間」を導入した。ここで、個人空間とは、各個人に属するものとして他者に認識されている領域のことである。個人空間に他者が進入すると不快がられ、また逃げられることもある。個人空間内の事物はその個人によってまず認識され、また操作され得る。他方、会話空間とは、会話の参加者を取り巻く領域であり、第三者は会話を立ち聞きしたり邪魔をしたりしないようにこれから距離を保たなければならない。

上に述べた概念に基づき、Yoshimoto（1986）では、コ・ソ・アの現場指示用法の使い分けが次のように説明されている。

（14）コ系列：話し手の個人空間の中（したがって、同時に会話空間の中）の事物はコで指示される。
ソ系列：会話空間の中で、話し手の個人空間の外の事物はソで指示される。
ア系列：会話空間の外の事物はアで指示される。

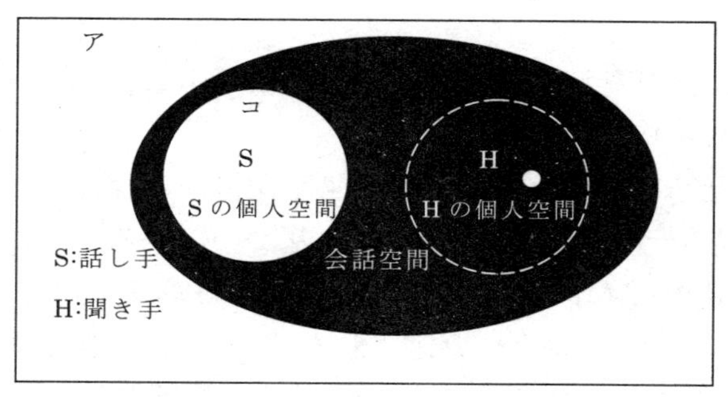


図5 コ・ソ・アの指示用法

ここで、個人空間および会話空間とされているものは社会的・心理的要因を含む概念であって、物理的には決められない。たとえば、他人に抱かれている子を母親が「<u>この子</u>」と指示できるのは、子供が心理的に母親に属していると判断されるからである。さらにまた、ソ系で指示する対象が必ずしも聞き手の領域内にあるとは限らない。この点はYoshimotoが引用する正保（1981）の例からも明らかである。

(15) 乗　客: そこの煉瓦色の建物の前で止めてくれ。
　　 運転手: そこの大きな建物ですね？

結論として、コ・ソ・アの文脈指示用法については次のようにまとめている。

(16) コは談話記憶中の実質的な対象を指示し、それを文脈中で際立たせる動きをする。
　　 アは話し手・聞き手双方の出来事記憶中に存在する事物を指示する。

ソは単に談話記憶中の対象を中立的に指示し、ア・コの指示できないものを指示できる。

アが「話し手・聞き手双方の出来事記憶中に存在する事物を指示する」という点は久野（1973）に基づいている。またコの指示対象は実質的でなければならないので、(17) のように未来に起こると考えられる事象や仮定された事物を指すことはできないが、(18) のようにコメントの中の一部を強調するのに用いることができるという。

(17) 田舎にいても専門医にデータを送ってもらうことも可能というから、早く{そう /*こう} なってほしいものだ。
(18) 残った兄はよくできるしっかりした人で、私達はこの兄を信頼していました。私を大学へ入れてくれたのも{この /？その}人です。

こうした分析に対して、金（2006）では、次の反例が指摘されている。

(19)　ルネサンス時代に活躍した有名な芸術家の中には、あのミケランジェロやダ・ヴィンチも含まれている。（金 2006:7）

例（19）では、ミケランジェロやダ・ヴィンチが歴史上有名な大画家だという事実は、発話時点よりかなり過去の時点から世界知識の中に登録されていると見なしてもおかしくないほど、有名な知識であるため、この例文で使われたアは、出来事記憶ではなく、世界知識を参照しているしか思われないと金は述べている。

さらに、Yoshimoto も認めるとおり、文脈指示と現場指示の共通点や重なりについての論考がほとんどないことが問題となろう。

### 1.4.2 金水・田窪など：談話管理理論

田窪（1989, 1990a, 1990b）、金水・田窪（1990）では、対話・談話における情報の交換を談話管理と呼び、こうした談話管理に参加するものとしての聞き手・話し手を談話管理者と呼んでいる。談話管理者の主な仕事には、初期状態（相手も認知していると想定できる現場の要素を加えて、共通知識の状態を作っておく状態）の値の設定・登場要素の管理・共有知識の確認・信念の維持管理などがある。ただし、後に複数の心的領域を設定した Takubo and Kinsui（1997）、田窪・金水（2000）と Hoji, Kinsui, Takubo and Ueyama（2003）の談話管理理論では「話し手の想定する聞き手の知識」に言及すること自体を破棄することが提案されている。

さて、指示詞などの日本語表現における知識の非対称性現象は、話し手と聞き手の共有知識による説明ではなく、知識の直接性、間接性という区別によって説明されるべきだと主張し、それによって談話領域を二つに分離することを提案している。ここで、談話領域は、言語情報と記憶データベースの間にインターフェイスとして存在する心的処理領域をいう。言語表現は、解釈を受けた後、この心的領域に格納されるが、その際、二つの下位領域、すなわち、直接経験領域（以下D－領域）と間接経験領域（以下I－領域）とに分けて表示されるとしている。

ここで、「D－領域」は長期記憶とリンクされる領域で、長期記憶内の、すでに検証され、同化された直接経験情報や、過去のエピソード情報と対話の現場の情報とリンクされた要素が格納される。また直示的指示が可能であるため、「ア」系列の指示詞の検索領域だとしている。一方「I－領域」は一時的作業領域とリンクされる領域で、まだ検証されていない情報（推論、伝聞などで間接的に得られた情報、仮定などで仮想的に設定される情報）とリンクされるとしている。また後者は、記述などにより間接的に指示され、「ソ」系列の指示詞の検索領域だとしている。

また、金水・田窪のモデルを発展させたHoji, Kinsui, Takubo and Ueyama (2003)では、「コ・ア」は「ソ」と対立し、「コ」と「ア」は「遠・近」という表示によって対立するとし、現場指示も文脈指示も次のように定式化されている。

(20) コ-NP：D-領域とリンクされ、「近」と表示される。言語的先行詞は不要。
ア-NP：D-領域とリンクされ、「遠」と表示される。言語的先行詞は不要。
ソ-NP：D-領域とリンクされず、「近」でも「遠」でもない。言語的先行詞が必要。

文脈指示用法では､「コ･ア」は言語的先行詞が不要であるので、いきなりの「ア」や「コ」系列の指示詞で始まる文もうまく説明することができる。

(21) (探偵がある男を捜している。彼はその男がいると信じる部屋に入ると、中にいた人々に尋ねる)
{あいつ/*そいつ} はどこだ?

(22) (社長がある重要なプロジェクトに関する重役会議を招集する。全員が集まるとすぐに、議題に入る)
ブラウン君､{この/*その} プロジェクトはいつ始まるのかね?
(Hoji, Kinsui, Takubo and Ueyama 2003: 103)

更に「コ」と「ア」を区別する「遠・近」表示は、文脈指示においても有効である。

(23) (反政府ゲリラのリーダーが、大使館爆破の実行犯を決める会議の冒頭で)
{こ/#あ/*そ} の計画を最初に考え出したものを、今度の大使館爆破計画の実行責任者にしよう。

(24) (ゲリラグループが政府攻撃の計画を立てる会議を何度も開くが、実行犯が決まらない。あるメンバーがふと、2週間前に出された計画を思い出す)
{#こ/あ/*そ} の計画を最初に考え出したものを、今度の大使館爆破計画の実行責任者にしよう。
(Hoji, Kinsui, Takubo and Ueyama 2003: 110)

しかし、庵 (2007:33-37) が指摘するように、談話管理理論は文脈指示におけるソ系とア系の対立の説明には適している一方、コ系とソ系の対立の説明には限界が見られることが問題として挙げられている。一例を挙げれば、単なる「遠・近」表示では、(25)のようなコ・ソ共に使える例文の説明には無理が生じてしまう。

(25) 昨日、学生が訪ねてきた。この /その学生は娘の友達だと言っていた。

(庵 2007:51)

### 1.4.3 東郷：談話モデル

東郷（1999, 2000, 2001）による談話モデルは、話し手と聞き手の両方の側に、談話の進行に応じて構築される心的領域を指す。談話モデルには、導入された指示対象が登録され探索される領域として、「共有知識領域」「発話状況領域」「言語文脈領域」の三つがある。各領域を図示すれば、次の図6のようになる。

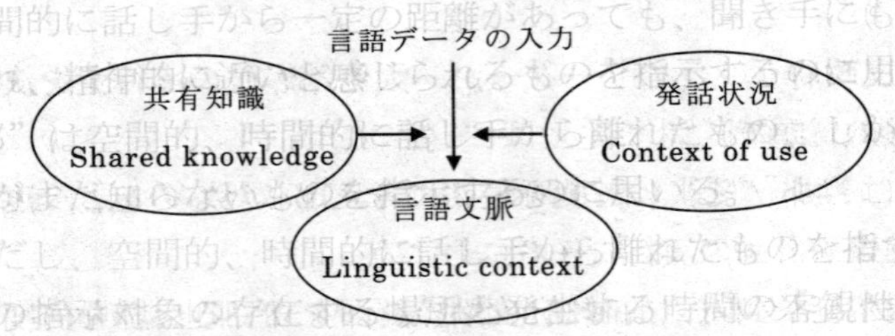


図6 談話モデルの心的領域（東郷2000）

図6で、話し手は自分の側の談話モデル（DM-S）を持ち、聞き手も自分側の談話モデル（DM-H）を持つという。そして、言語によるコミュニケーションはDM-SとDM-Hの調整過程であると看做される。

東郷はこのモデルに基づき、各心的領域に指示対象とその情報が登録される過程と、また既に登録されている指示対象の情報をどのような指示詞で表すのかについて説明している。結論からいうと、談話モデルを構成するそれぞれの領域の情報を指す指示詞を次のようにまとめられる。

（ⅰ）共有知識領域：ア
（ⅱ）言語文脈領域：コ、ソ
（ⅲ）発話状況領域：コ、ソ、ア

共有知識領域は、世界についての一般的知識を格納する「百科事典的知識」と、個人的体験についての知識を格納する「エピソード記憶」からなる。前者は発話の初期値として与えられていて、DM-SとDM-Hで一致していると想定される。また、後者には話し手と聞き手の共有する体験に関する知識はもちろん、話し手だけが持ち、聞き手が共有しない知識も含まれていることは注意を要する点である。

共有知識領域に登録されている指示対象は、ア系指示詞で指示される。その使用条件として、「ア系指示詞は、共有知識領域に存在する対象をさす。また共有知識領域に存在する対象をさすことができるのは、ア系に限られる」という仮説を立てている。

また、東郷は「共有知識」という概念が必要であるとし、共有知識の制約に反してアを用いるには、次の条件が必要であると指摘している。

(a)　指示対象についての概念的・間接的知識ではなく、体験などに基づく直接的知識が必要な内容を述べている。

(b)　聞き手の談話モデルの状態の査定を一旦停止、または意図的にカッコに入れている。

次に、言語文脈領域に関しては、共有知識領域と違い、談話の開始時点でその値はゼロであるとする。談話の進行にしたがって話題に出た指示対象とその情報が登録されていく過程を、東郷は次のような例文を挙げ、かつそれを談話モデルにより図示しながら説明している。

(26) 大学の北門を出た所に進々堂という喫茶店がありますから、そこで待っていてください。 (東郷 2000)

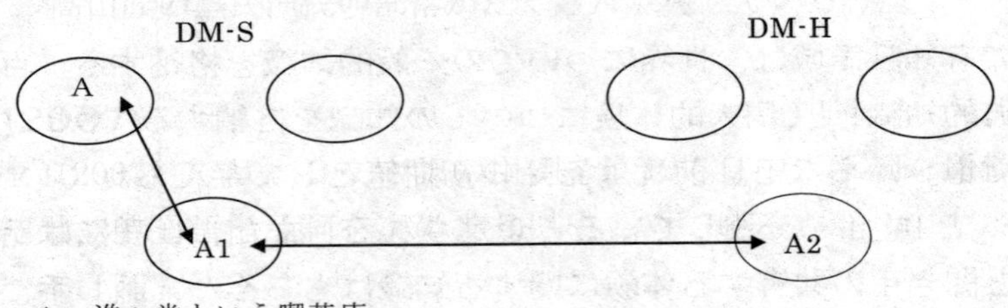


図 7 例 (26) の談話モデル

この例文では、「そこ」は文脈指示である。つまり、談話モデルによる文脈指示の定義とは、「話し手が DM-S 内の言語文脈領域に導入し、DM-H にも対応物が形成された指示対象をさす」ものだとしている。一旦上図の状態になれば、聞き手も (27) のようにソを用いて同じ指示対象をさすことができるという。ただし、(27) における聞き手の発話内の「ソ」は、上図の A でも A1 でもなく、A2 を指しているとしている。

(27) {そこは / その喫茶店は} 何時まであいていますか。

また文脈指示のコに関しては、東郷は一種の現場指示であるという金水・田窪の分析を支持し、小説や物語で架空の世界について語るとき、その架空の世界の地理の場面は、想像上の発話の場として把握されると述べている。

最後に、発話状況領域は、話し手と聞き手を含む発話の現場と、その場に存在するものについての心的表象である。この領域は共有知識領域と同様に、発話の初期値であり、話し手と聞き手の共有するものだと見做している。この領域には、「現場指示用法の『これ』『それ』などの demonstrative（指示的）な指示詞が指す情報」が登録されている。

東郷の談話モデルの問題点としては、やはり金水・田窪と同様に文脈指示におけるコ系とソ系の対立が、現場指示と同一の説明ができないという点にある。例えば、ソ系による文脈指示を「話し手が DM-S 内の言語文脈領域に導入し、DM-H にも対応物が形成された指示対象をさす」としている。しかし、次の例で「その学生」であれば聞き手の領域に対応物が形成されており、「この学生」の場合は聞き手の領域に対応物が形成されていない、ということになってしまう。

(28)　昨日、学生が訪ねてきた。この /その学生は娘の友達だと言っていた。(28=25)

（庵 2007:51）

## 1.5 まとめ

本章では、日本語の指示詞研究において、特に重要と思われる先行研究の一部について、批判的に取り上げた。

まとめてみると、佐久間（1951）、三上（1970）、久野（1973）は一貫してソ系を「聞き手」と結びつけて説明する一方、堀口(1978)、黒田（1979）、Yoshimoto（1986）、金水・田窪（1990）、金水（1999）は、ソ系を指示詞の意味規定から「聞き手」を排除しようと試みている。阪田（1971）、李（2002）は、話し手の捉え方にいくつかの型を認めることで、「聞き手」が関係するものとそうでないものがあると説明している。この中では、阪田、李の論がもっとも無理なく現場指示と文脈指示を統一的に説明できているが、なぜ「聞き手」に関わるものとそうでないものに同じソ系が用いられるかが説明できない問題点が残る。

以上の考察で分かったことは、「聞き手の存在」と「現場指示・文脈指示などの各用法の関連づけ」を検討しなければならないということである。また、特にソ系の扱いについては、金水・田窪（1992）が指示詞に関する解決されるべき問題として（29）のように指摘しているが、現時点においてもこの問題が解決されているとは言い難い。

（29） a. 現場指示における、ソ系列の位置づけ。ことに、人称区分と距離区分の統一説明。
b. 文脈指示における、各系列の位置づけ。ことに聞き手の知識との関連において。
c. 現場指示と文脈指示の統一的説明。

本研究では、以上のような指示詞研究の現状を踏まえ、ソ系指示詞だけでなく、コ・ソ・ア全体の現場指示用法と文脈指示用法を統一的に扱う一般化を試みる。

# 第２章　本研究の理論的枠組み

本章では、本研究の理論的枠組みを紹介する。2.1節ではFauconnier (1985) のメンタル・スペース理論とそれに基づく談話管理理論について述べる。2.2節ではこの談話管理理論を発展させた仮説（モデル）を提案する。最後に、本研究における指示詞の分類を提示する。

## 2.1「談話」と理論背景

「談話 (discourse)」とは、意味内容が一まとまりの、首尾一貫性のある (conherent) 文の集合と定義される。談話は文の有機的結合を意味する一つの言語的単位であり、その出現形式には会話文形式とテキスト形式がある。我々人間が談話を理解する際に、どのような言語的知識と言語外知識（常識や話題に関する知識など）を持ち、これらの知識に基づいてどのような推論をして理解に到達しているのかを解明するには、認知的アプローチによる談話（文脈）理解が必要である。

以下では、談話を理解する認知的アプローチとして、メンタル・スペース理論と談話管理理論を紹介する。

### 2.1.1 メンタル・スペース理論

メンタル・スペース理論 (Mental Space Theory) は、Fauconnier (1985) によって提唱され、談話的現象や意味処理の認知的側面を重視することで、意味の現象への柔軟なアプローチを可能にする理論である。

メンタル・スペース理論では、情報はメンタル・スペースと呼ばれる比較的小さな情報管理領域へ分配され、領域全体の操作が言語理解の過程を表す。メンタル・スペースは要素と、要素に対し成立する関係とからなる。関係には一項関係も、多項関係も含まれる。談話処理には常に起点スペースが設定され、これは特別な指定がなければ話し手の信念に対応する。起点スペース以外にも、信念スペース、物語スペース、仮定スペースなど様々なスペースがある。多くの場合、そうしたスペースの導入はなんらかの形で合図する必要がある。こうした役割をする表現をスペース導入表現と呼ぶ。スペース導入表現には、前置詞句、副詞、命題結合子、命題態度や言語行為の動詞をもつ節などがある。本研究で扱う指示表現もその一つである。

また、要素ａとｂをある種の同一性のもとに捉えるとき、両者はコネクターＦによって結合されている。これを次のように図式化する。

(1) b=F(a)：　a ●　　　b ●

このような状況のもとで、Fauconnier（1985）は、同定原則を導入する。

(2) 同定原則(Identification Principle)：

要素ａとｂとが語用論的関数Ｆで結ばれているなら、ａの記述 $d_a$ でａの対応物ｂを同定できる〔b＝F(a)〕。

このとき、ａを指示トリガー、ｂを指示ターゲットと呼ぶ。

メンタル・スペース理論というアプローチは、別のやり方では複雑になる操作が局所的な操作で実行可能であることを明らかにする。例えば、我々はａ、ｂから簡単にｃを導き出すが、それと同じくらい簡単ｄ、ｅからｆを導き出す。

(3) a. 一郎の電話番号は 123-4567だ。
b. 二郎の電話番号は一郎の電話番号と同じだ。
c. 二郎の電話番号は 123-4567だ。
d. 花子は一郎の電話番号が 123-4567だと思っている。
e. 花子は二郎の電話番号は一郎の電話番号と同じだと思っている。
f. 花子は二郎の電話番号は 123-4567だと思っている。

dとeからfを導き出す操作では、まずdより花子の信念スペースを設定し、aを書き込む。eより、同じスペースにbを書き込む。そのスペース内での簡単な推論でcを得る。最後にcをスペース導入表現「花子は…と思っている」に埋め込み、fを得る。この操作では、「思う」が基本的に推論そのものと無関係であるのがはっきりと示されている。こうように、メンタル・スペース理論は、対話モデルの表示に必要な部分的な信念とその信念内に別の信念体系を表しやすい。

### 2.1.2 談話管理理論

しかし、対話においては、話し手は相手に合わせて話し方を調整し、相手が情報を取り込みやすくするのが原則である。例えば、事情を知らない人にはやさしく説明的に話すが、事情がわかっている人には要点だけ伝える。このように、言語表現は単に事実に関する情報だけでなく、情報に対する話し手の情報管理についての情報も含んでいるという立場から、田窪はメンタル・スペース理論を特殊化し、談話管理理論を提唱した。

日本語は話し手と聞き手の知識状態に敏感で、共有の情報かどうか、誰が提供した情報であるかなどが明示的に表示されることが多い。田窪（1984）は、固有名詞の裸の形式「田中」と引用形式「田中という人」の違いが、知識の共有・非共有の差に対応することを指摘している。日本語では対話の初めに非共有であった要素は、その対話の間は非共有と見なされる傾向が強い。そこで、次の(4)の最初の文で、Aが山田という人を話題にしても、Bがすでにその人を知っていなければ、引用形式「という」を使わなければならない。一方、英語などでは、一度導入された要素は共有と見なしてよく、(5)の対話でBは知らない人をMr.Yamadaで指している。さらに、日本語では共有知識に属すと思っていた要素がそうでないのがわかったときには、(4)の三番目の文のように、山田を知っているAも「という」を使わなければならない。

(4) A:昨日、山田にあってきた。

B:すいません、{山田というの/*山田/*彼}は、誰ですか。

A:{山田というの/*山田/*?彼}は、大学時代の同級生です。

(5) A:I had to talk with Mr.Yamada.

B:Who is {Mr. Yamada/he}?

日本語の「彼」という代名詞はもともと話し手と聞き手の共有知識の中にある要素にしか使えない。実際(4)で、Bが「彼」を使うのは論外だが、Aが山田の説明に「彼」を使うことさえ不自然である。一方、英語や韓国語ではたとえ新しい要素でもすぐに共有知識として扱うことができ、代名詞使用にも日本語のような制限がない。ゆえに、(5)ではBはまったく知らない人をheで受けることができる。

田窪はこうした事実を処理するため、談話距離理論を提唱し、日本語の特性や他言語との対照研究の興味深い可能性を開いたのである。

本研究ではメンタル・スペース理論に基づき、金水・田窪や東郷の談話モデルを拡張した上で、本研究における仮説を立てる。

## 2.2 本研究の仮説

以上で述べたように、談話における言葉を理解するためには、談話に参加している周りの物理的な状況、また、それまでに話していた文脈などを前提にして推論する必要がある。さらに、言語的知識と言語外知識も重要である。したがって、導入された指示対象が登録され探索される心的領域として、「知識領域」「発話状況領域」「言語文脈領域」の三つがあると考えられる。各領域を、基本的に東郷(2000)に従って図示すれば、次の図 1 のようになる。

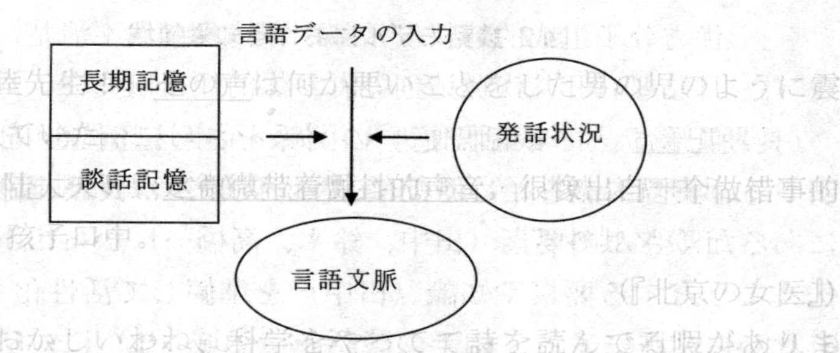


**図 1 本研究における談話モデル**

話し手の持つ知識の総体は、一般的な知識やエピソードの記憶がつまっている知識データベースと捉えられる。実際の談話では、個人のすべての知識が必要なわけではなく、相手によって、また話題によって必要な部分は限られる。ここでは話し手の知識領域は前者の「長期記憶（Yoshimoto 1986 の出来事記憶も含まれる）」と後者の「談話記憶」からなると仮定する。「長期記憶」領域には話し手と聞き手の共有知識も含まれる。

長期記憶（long-term memory）：百科辞典的知識や話し手が実

際に経験したエピソード的な記憶が納められる場所（これら要素の一部が発話内容・現場の状況に応じて活性化され参照される)。

談話記憶（discourse memory）：談話上、必要とされる一般知識が一時的に蓄えられる場所（これら要素の一部が時間の経過につれ長期記憶に格納される場合がある)。

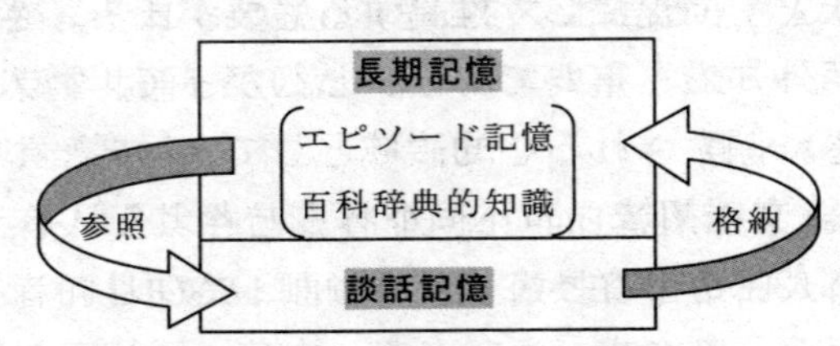


**図 2 談話モデルにおける知識領域**

「長期記憶」と「談話記憶」の関係をさらに例 (6) を用いて説明する。実際に話を始める前に、話し手（夫）は長期記憶領域 ($M_E$) にあるたくさんの要素（田中、鈴木、高橋…）から相手（妻）に伝えようとする要素や知識（田中）を準備して活性化しておく。それから文脈によって相手の談話記憶領域 ($M_D$) に対応物（田中'）が形成され、「田中」と「田中'」はメンタル・スペースをつなぐコネクターFによって連結される。なお、時間の経過につれ、談話記憶領域の要素が長期記憶領域に格納される場合がある。したがって、数日後、妻が田中に関して (6) のように発話できる。

(6) 夫：同僚の中で田中という人がいるけど、その人昨日急に倒れて入院した。

（数日後）

妻：あなたの会社のあの田中さん、もう退院したの？

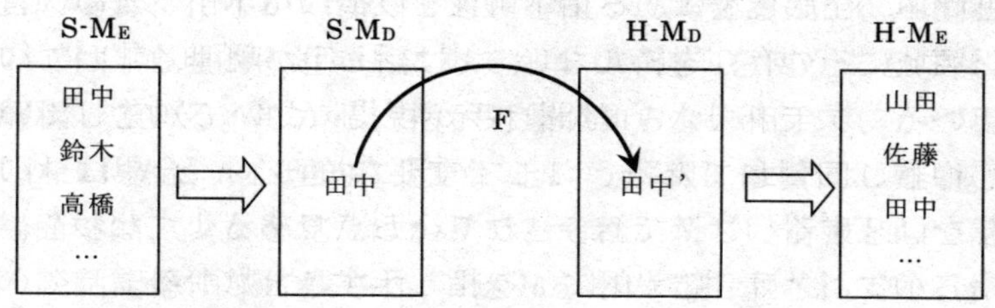


つぎに言語文脈領域には、談話の進行に従って、話題に出た指示対象とそれに関する情報が登録される。本研究では、知識領域にある各要素、いわゆる指示対象をAと表記する。またAに関する様々な情報をaとし、指示対象を$A_{(a1, a2, .., ai)}$と表記する。その登録過程は改めて第4章で詳しく述べる。なお、談話記憶領域$M_D$は発話内容に依存し、言語文脈領域にある。一方、長期記憶領域$M_E$は発話とは無関係に存在するものであるため、言語文脈領域の外に置くことにする。

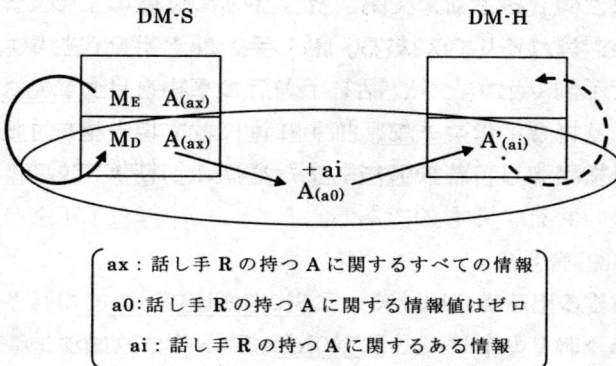

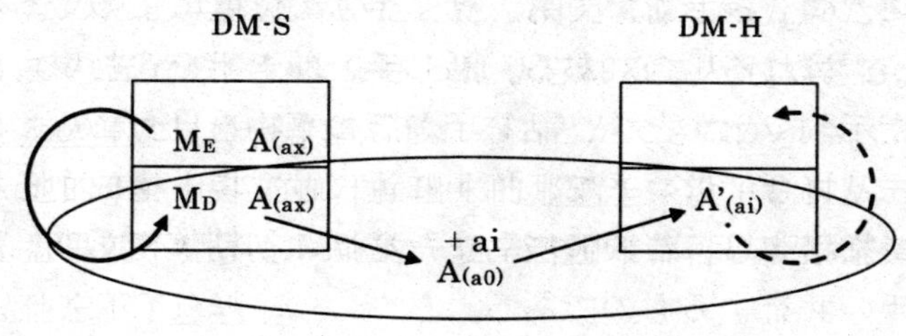


ax：話し手Rの持つAに関するすべての情報
a0：話し手Rの持つAに関する情報値はゼロ
ai：話し手Rの持つAに関するある情報

**図3 談話モデルにおける文脈指示用法**

最後に、指示物が発話状況に基づいて同定される場合を現場指示と呼ぶ。発話現場にある指示対象を直接に指示するため、言語文脈領域にその存在を持たない。Aは話し手が現場において知覚している対象である。A'は聞き手が現場において知覚していると想像される対象である。ここで重要なのは、AとA'は「同一性」を保証するリンクで結合されている点である。すなわち、A'を指し示すことは、結果的にAを指し示すこともなる。

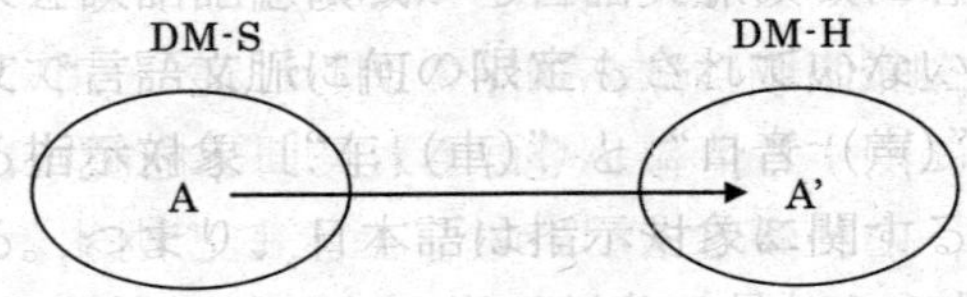


**図4 談話モデルにおける現場指示用法**

発話状況領域は、話し手と聞き手を含める発話の現場と、その場に存在するものについての心的表象である。たとえば、例(7)のように、同じ指示対象でも、話し手との位置によって異なる言語表現が選ばれる場合がある。話し手と聞き手を含む現場にある事物を指示詞で示すとき、話し手がその事物を自分に近づけて場を構成する場合にはコ系で、相手に近づけて場を構成する場合にはソ系で指示する。この領域もまた発話の初期値であり、話し手と聞き手の共有するものである。

(7) A:(木陰のベンチに座っているBに向かって)

　　「あっ、すみません。<u>そこ</u>に座ってもいいですか」

　B:「どうぞ」

　A:(ベンチに腰を下ろして、Bに)

　　「<u>ここ</u>、涼しくていいですね。」

このように、発話状況領域を更に細かく分割して指示詞のコ・ソ・アの使い分けを考察する必要があるが、それについては次章で詳しく述べることにする。

## 2.3 指示詞用法の分類

以上述べたように、日本語の指示詞は、現場指示用法（発話状況に基づいて同定する場合）と文脈指示用法（言語文脈に基づいて同定する場合）に分けられる。さらに、文脈指示用法は照応指示と観念指示に分けられる。前者は文脈領域にある概念化された指示対象を指す。また後者は話し手の知識領域にある主体化された指示対象を指す場合である。

したがって、各章で扱う指示詞用法を整理すると以下のようになる。

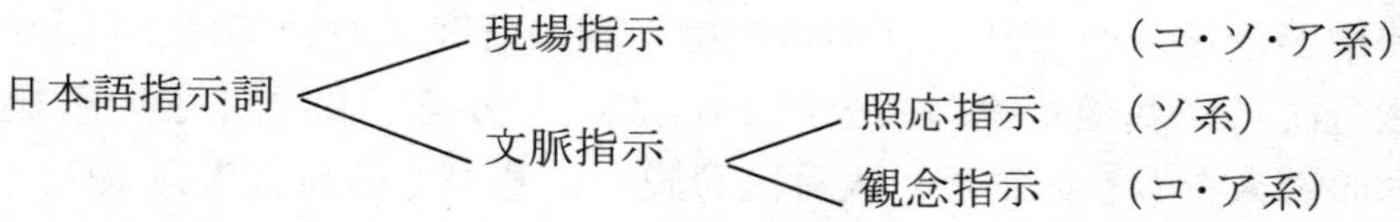

# 第 3 章 現場指示用法

本章では、指示詞の用法のうち「現場指示」用法について考察する。まず日本語の指示詞について先行研究をもう一度確認した後、本研究での仮説を提案する。次に絶対的時間と空間を表す現場指示について触れ、最後に指示詞の決定する諸要因を検討する。

## 3.1 先行研究とその問題点

佐久間（1951）の「なわばり」という捉え方が現れた後、指示詞「コ・ソ・ア」研究は大きく進展した（高橋・鈴木 1982；金水・田窪 1992）。その後の研究の流れには、従来の「距離区分説」と「人称区分説」とをなんらかの形で両立あるいは混在させるという特徴がある。つまり、日本語の指示詞の研究においては、「距離区分説」に基づく検討（阪田 1971 など）から、聞き手という概念の導入を取り入れた「人称区分説」に基づく検討（久野 1973；三上 1955 など）へと転換し、両説を統合した見方による議論（正保 1981；Yoshimoto1986 など）がその後の研究では主流となっている。また、金水・田窪（1990）以来、談話管理理論に基づいた日本語の指示詞への検討が行われ、日本語で構築された仮説の一般化を目指すために、他言語の指示詞との対照研究も多く行われている。

### 3.1.1「距離区分説」と「人称区分説」

コ・ソ・アの指示領域については、これまで数多くの議論がなされてきたが、上で述べたように、そのほとんどは「距離区分説」と「人称区分説」に分けられる。

① 距離区分説:「近称・中称・遠称」という用語を用い、コ・ソ・

アを話し手から対象までの距離によって性格付ける捉え方。

② 人称区分説：「自称・対称・他称」という用語を用い、話し手と聞き手のなわばり関係によって性格付ける捉え方。

しかし、この二つの説はそれぞれ弱点がある。まず、「距離区分説」の弱点は、(1) のように、聞き手が話し手と対立することによって、遠く離れている事物に対してア系が使えなくなり、ソ系で指さなければならない事実にある。

(1)【二階のベランダから眼下の自分の車庫の近くに無断駐車されている車をみて】
「あの車、誰のだろう。あんな所に止めて、全く迷惑千万だ」
と思っていたところへ、どこからともなく車の持ち主らしい者が現れ、車のドアに手をかける。
「その車お宅のですか。そんな所に止められては迷惑ですよ。」
（新里 1998）

この例は、「人称区分説」では説明できるが、「距離区分説」では説明できない。

次に、「人称区分説」の弱点は、「中距離のソ」「話し手後ろのソ」「不定のソ」の三つのソを説明できないことである。ここで、それぞれを詳しく見てみよう。

### 3.1.1.1 中距離のソ

まず、中距離指示用法とは、指示対象が話し手と聞き手から等距離にあって、両者から近くも遠くもない所に現れる指示詞の用法のことである。従来の研究で「融合型のソ」「中距離のソ」、あるいは「弛緩したソ」と呼ばれていたものがこれである。

こうした中称の中距離指示用法をめぐる論争では用法への賛成

説と反対説とがあった。まず賛成説には主なものに、正保（1981）と金水・田窪(1990)がある。正保は次のような例を紹介している。

(2)【タクシーに乗った客が運転手に】
「そのレンガ色の建物の前で止めてくれ。」

正保はこの例について、タクシーの運転手とタクシーに乗った客は、同じ方向を向いていてかつ両者から同距離の場所を眺めているという融合型の状況にあると考えられるとした。そしてこの状況では出現しないはずの「ソ」系指示詞、つまり、二人称の領域を指すはずの「ソ」系指示詞の出現について、これは「弛緩したソ」として考えることができるという解決策を提示した。

一方、金水・田窪（1990）も同様の例を挙げている。

(3)【タクシーの客が運転手にいう場合】
「すみません、そこの角を右に曲がって下さい」

この例について田窪・金水は、話し手と聞き手の双方から少し離れた場所を指している例であり、「ココ・ソコ・アソコ」のような場所の表現でよく見られる中距離指示用法であるとしている。

### 3.1.1.2 話し手の後ろのソ

この問題を最初に取り上げた高橋（1956）によれば、話し手と相手が部屋の中で立ち話しをしている時、話し手が手を後ろにやって机を指し、「その机をごらん」と言う場合、距離においても方向においても話し手の側にあるものがソ系で発言されると主張した。後に服部（1961）も「二人が向かい合って話している場合に、話し手が自分の後ろにある物を指してソレということがある」とした。当初高橋と服部は「話し手後ろのソ」は話し手が聞き手の縄張りの中に包み込まれた結果だと見ていた。しかし後に、高橋・鈴木（1982）は、「話し手後ろのソ」は話し手が聞き手の縄張りの中に包み込まれた結果なのではなく、話し手と聞き手が接近するに従い、聞き手の縄張りのソ系と中称としてのソ系が重なり合う形で現れることになったという。

#### 3.1.1.3 不定のソ

「不定のソ」とは、ソが明確な指示対象を持たない用法である。金水・田窪（1990）では、ソは遠くも近くもない場所を指し示している、というニュアンスを持っている例として、次の（4）のような例を挙げている。

(4)「おでかけですか」
　「ええ、ちょっとそこまで」

金水・田窪はこの例について、現場にはないが、現場の延長という意識があり、また、聞き手との共有という点から見ると、それはあいまいであるとしかいえないと述べている。また、岡崎（2004）はこのような指示用法を「曖昧指示表現」と呼び、「どこか」という不定の部分を利用し、「発話者は特定しない、聞き手自身で検索せよ」という意図を含む指示であると主張している。

### 3.1.2「対立型」と「融合型」

以上で見てきたように、現場指示用法の問題点は主にソ系指示詞にあり、その使用条件は、聞き手に近くにあることと、話し手から中距離にあることの二つからなる。そこで、両説の折衷案を考えなければならない。

従来の折衷案として、「対立型」と「融合型」という区分が、かなり一般に受け入れられている（阪田 1971、李 2002、森田 2002 など)。「対立型」とは、話し手がコで指すものを聞き手がソで指し、話し手がソで指すものを聞き手がコで指すパターンである〔例文（5）を参照〕。一方、「融合型」とは、話し手と聞き手が同じ視点を取り、話し手がコで指すものは、聞き手もコで指し、また話し手がアで指すものは、聞き手もアで指すパターンである〔例文（6）を参照〕。

(5) 女房: ねえ、来てみて！(相手に気づかせて) これ、何かしら。
主人: それ、ゴキブリだよ。（李 1994）

(6)【店員、客ともに手元にある洋服を見る。】
店員「こちらなど、最近流行のデザインですが」
お客「これ、デザインはいいんだけど、色はちょっとね」
【次にかなり離れた棚にある洋服を見る。】
店員「あちらはいかがでしょう」
お客「あれは、大きいかもしれないね」（外山 1994）

しかし、このような「対立型」「融合型」は、発話者の意識の有様を問題とするもので、現実の話し手・聞き手の場面上の位置関係によって定められる客観的なものではない。話し手はどのようにして、自分の視点と聞き手の視点が対立している、あるいは融合していると判断するのであろうか。

対立していればソが用いられるとしても、対立しているかどうかがわかるのはソが現れているからであり、ソが現れているから対立しているとするならば、結局は循環論になってしまうのである。

## 3.2 本研究の立場

### 3.2.1 現場指示の談話モデル

本研究における現場指示とは、指示物が発話状況に基づいて同定される場合をいう[1]。発話現場に存在する指示対象[2]を直接に指示するため、言語文脈領域にその存在を持たない。A は話し手が現場において知覚している対象である。A' は聞き手が現場において知覚していると想像される対象である。ここで重要なのは、A と A' は「同一性」を保証するリンクで結合されているという点である。すなわち、A' を指し示すことは、結果的に A を指し示すこともなる。

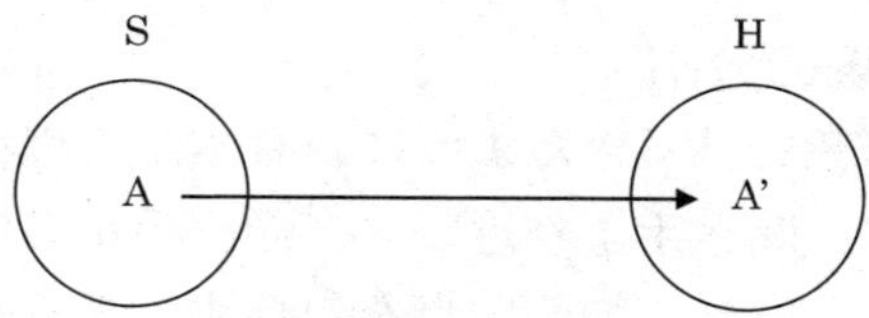


図 1 現場指示用法の談話モデル

発話状況領域は、話し手と聞き手を含む発話の現場と、その場に存在するものについての心的表象である。たとえば、例 (7) のように、同じ指示対象でも、話し手との位置によって異なる言語表現が選ばれる場合がある。話し手と聞き手を含む現場にある事物を指示詞で示すとき、話し手がその事物を自分に近づけて場を構成する場合にはコ系で、相手に近づけて場を構成する場合にはソ系で指示される。この領域もまた発話の初期値であり、話し手

[1] このとき、話し手の発話時点の場所「ここ」や時間「今」などを指示する場合も含まれる。

[2] この点に関しては、金水 (2000:61) も「現場指示を用いるための条件としては、『見えること』より『存在していること』を用件とした方が現象をうまく説明できる」と指摘した上で、指示対象の存在する場所を「直示空間」と呼んでいる。

と聞き手の共有するものである。

(7) A:【木陰のベンチに座っているBに向かって】
「あっ、すみません。そこに座ってもいいですか」
B:「どうぞ」
A:【ベンチに腰を下ろして、Bに】
「ここ、涼しくていいですね。」

以下では、発話状況領域を更に細かく分割して、指示詞コ・ソ・アの使い分けをみていきたい。

### 3.2.2 発話現場の分割

以上の先行研究で見てきたように、日本語の現場指示におけるソ系指示詞には、聞き手より近いソ、話し手から中距離のソと二種類が存在する。これらの問題点を包括するような解決を与えなければならない。本研究ではYoshimoto（1986）にならい、現場指示のコ・ソ・アの使い分けには話し手の「個人空間」、話し手と聞き手を含む「会話空間」という二つの領域が必要であると考える。したがって、日本語の指示詞は次のようにまとめられる。

(8) コ：話し手(S)の個人領域内にある事物を指す。
ソ：話し手(S)と聞き手(H)を含む会話領域内にある事物を指す。
ア：会話領域内から、会話領域外にある事物を指す。

コ系が話し手の領域（なわ張り）にある事物を指すことについては問題がないであろう。なお、話し手の個人領域は会話領域に含まれるが、この場合は話し手の個人領域にあることが優先され、コが選ばれる。

ソ系が話し手と聞き手を含む領域にある事物を指すとすることにより、ソで指示される事物が必ずしも聞き手の領域にある必要がないことも示すことができる。また、すぐ下でみるように、領域に個人領域内・会話領域内・会話領域外の三つを設定することにより、ソの「中称」性も表すことが可能となる。さらに、会話領域には聞き手がいることから、聞き手の存在が間接的に指示詞の選択に影響を及ぼすことが示される。なお、話し手と聞き手が同一である独り言においては、会話空間と話し手の個人空間が一致することになる。上述の通り、個人領域と会話領域が重なるときは個人領域が優先されるのであるから、当然、ソが現れることはない（例 9)。

(9)【机の上にある本を見ながら】
{これ /あれ /*それ} 誰のだろう？

この独話の例では、本が近くにあればコを、遠くにあればアを用いる。このような状況では､決してソを用いることができない。なお、独り言の後で聞き手が登場すれば、同じものでも聞き手の近くにあれば、当然ソが可能となる。これが先に見た (1) の例である。

(1)【二階のベランダから眼下の自分の車庫の近くに無断駐車されている車をみて】
「あの車、誰のだろう。あんな所に止めて、全く迷惑千万だ」
と思っていたところへ、どこからともなく車の持ち主らしい者が現れ、車のドアに手をかける。
「その車お宅のですか。そんな所に止められては迷惑ですよ。」
（新里 1998)

ア系は会話領域外にある事物を指す。この時、話し手や聞き手の個人領域は意味を持たない。話し手と聞き手は同じ会話領域内から領域外の事物を見ればよいのである。

なお、本研究における「個人領域」とは、話し手が自己の占めるとする領域である。また「会話領域」とは、話し手と聞き手の両者を取り巻く空間のうち、両者に無理なく対象の事物が知覚される範囲だと話し手が認定する区域である。

この分割基準に従い、話し手と聞き手は独自に領域の分割を行う。領域と言っても、それはあくまでも話し手の主観によって設定されるものである。したがって、両者それぞれまず自分のなわばりを強調する「個人領域」、それから相手の領域を含んだ「会話領域」という順序に分割していく。Yoshimotoのモデルと異なり、話し手と聞き手の距離が縮まるにつれ二人の「個人領域」が重なったり、あるいはまったく交わらなかったりさまざまであると想定する（図2を参照）。

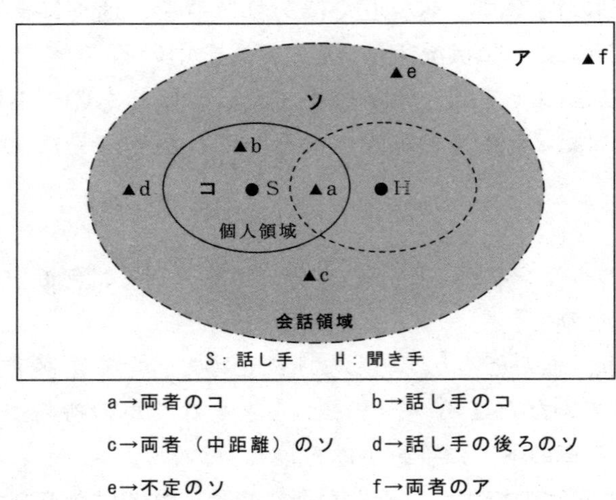


a→両者のコ　　b→話し手のコ

c→両者（中距離）のソ　　d→話し手の後ろのソ

e→不定のソ　　f→両者のア

図2　発話現場の分割

本研究の現場分割において、従来では説明できなかった点を説明することができる。

まず、「融合型」・「対立型」を統合的に説明できる。坂原（1992）は、「対立型」と「融合型」が不要であると主張し、例（10）（11）を挙げている。例えば子供を間にして、生みの親と育ての親がそのぞれぞれの片手を掴み、（10）のように争うときは、二人の視点が融合しなくても、「この子」で指せる。更に、（10）に続けて、（11）のようなやり取りがあったとする。（10）から（11）への移行で融合型から対立型へ移ったとは考えにくい。「子供」は二人のコ領域の重なりにいたが、「財布」はそこにないだけのことにすぎないという。

（10）　A: この子は渡さないよ、私が生んだんだから。
　　　　B: 馬鹿言わないで、この子は私が育てたんだよ。
（11）　A: この財布をやるからありがたく取っておきな。
　　　　B: そんなものはいらないよ。しまっておきな。

本研究は坂原の考えを支持する。つまり、二人が独自に現場分割を行うため、重なりのあるコ領域が作られるのである。話し手と聞き手が十分に離れているときは、両者の領域は分離しているため、話し手のコは聞き手のソであり、話し手のソは聞き手のコとなる対立型のパターンを示す。ところが二人が近づくことによって、重なりのコ領域が形成されると、融合型のパターンが出現する。したがって、指示詞は、二人の視点が融合しているか対立しているかと関係なく、指示対象がどの領域にあるかによって選択されるのである。

次に、従来の研究では例外とされてきた「中距離のソ」「話し手の後ろのソ」「不定のソ」すべてを説明できることをみよう。

(12) (13) のように聞き手も「ソ」で指すことができるため、「中距離のソ」と「話し手の後ろのソ」は、両方とも話し手の個人領域にないが、両者から近くも遠くもない会話領域内の指示対象をさすことがわかる。つまり、これらの「ソ」は話し手と聞き手が独自に設定した個人領域の重ならない部分を指すのである。「中距離のソ」と「話し手の後ろのソ」は会話領域での位置は異なるが、それは「ソ」の本質とは無関係である。

(12) 【話し手が手を後ろにやって】
「その机をごらん」
「その机どうした？」

(13) 乗　客: そこの煉瓦色の建物の前で止めてくれ。
運転手: そこの大きな建物ですね？

一方、「不定のソ」もまた、会話領域内にはあるものの、話し手と聞き手が独自に設定した個人領域の重なっていない部分に存在する対象を指示する。上でも述べたように、現場指示の指示対象とは現場で見えるものだけではなく、そこに存在しさえすればよいものである。ただ存在するというだけで、それがどこにあるのかはっきりしなくてもよいし、させる必要もない。(14) のように話し手が場所を特定しないもの、また (15) のように話し手には特定できないもの、どちらにおいても話し手と聞き手からあまり遠くないところを漠然と指した用法である。つまり、発話現場に存在する指示対象が、話し手から近くはない（話し手の個人領域にはない）が、会話領域にはあるという条件だけが満たされている場合である。但し、話し手と聞き手が同じ領域にいるため、自分と相手が共通に認識できると話し手が想像するので、(14) (15) の発話それぞれ、「我々より遠くない場所だが、これ以上言いたくない」、「我々より遠くない場所だが、はっきりわからないので自身で探せ」という含意が生じうる。この意味で「中距離のソ」と理解してもよいであろう。

(14)「お出かけですか」
「ええ、ちょっとそこまで」
(15) A: 私のめがね、知らない？
B: その辺に置いてあるんじゃないの？

## 3.3 絶対時間と空間を表す現場指示

現場指示用法では、発話現場に存在する指示対象を指す場合もあれば、発話時点の時間や空間を指す場合もある。次の例文を見てみよう。

(16) a.（通りを歩いているとき喫茶店を指しながら）
この喫茶店、静かでいいよ。
b.（喫茶店の中で）
この喫茶店、静かでいいね。　（絶対空間）
(17) a.（手帳の時間表を見ていて、ある時間帯を指しながら）
この時間は忙しいよ。
b.（急に研究室を訪ねてきた学生に向かって）
君、この時間忙しいんだよ。　（絶対時間）
（金 2006:133）

(16)a と (17)a では、「この喫茶店」は発話現場に実際にある喫茶店の建物を指している。また「この時間」は時間表に書いてある時間帯を指している。一方、(16)b と (17)b では、「この喫茶店」は話し手と聞き手が存在する空間そのものを指している。

また「この時間」は話し手と聞き手の発話時点の時間そのものを指している。この二つの用法には、前者は指差し行為が伴うが、後者の場合は指差し行為が伴わないという違いがある。この節では、後者のような「絶対空間」や「絶対時間」を指す現場指示用法を考えてみる。

### 3.3.1 先行研究

こうした用法について具体的に言及している研究に堀口(1978)のいわゆる「絶対指示」に関する研究がある。堀口によると「絶対指示」とは、従来指摘されている指示用法とは異なる用法で、場所と時間に関するものであり、「常に特定の対象を絶対的に指示する」用法のことだという。しかしこうした用法は、話し手の所属や居場所を抽象的に表すという点からは今まで述べてきた現場指示用法と異なるが、指示対象の同定のために現場からの情報もある程度参照すべきであるという点から完全に現場指示用法と異なる用法であるとも言い切れない。

また、Fillmore (1997) はダイクシス表現には二つのタイプがあることを指摘している。一つは、指差しなど非言語的行為を伴う必要がない、あるいは伴うことが不可能なダイクシス表現で、もう一つは非言語的行為を義務的に伴うダイクシス表現である。前者は「象徴的用法 (symbolic use)」、後者は「ジェスチャー的用法 (gestural use)」と呼ばれる。例えば、「昨日、山田さんに会いましたよ。」における「昨日」は「象徴的用法」であり、「(指差しながら)あそこにおいてください」における「あそこ」は「ジェスチャー的用法」の例である。

また金 (2006) は従来の「絶対指示」と呼ばれた概念をさらに発展させ、その概念を「直示の象徴的用法」と呼んだ。つまり、指示詞の直示用法には、目で確認できる特定の指示対象を指し示す現場指示用法と、話し手から指示対象までの距離が計れない場合の象徴的用法の2種類があると述べている。

本研究では、こうした絶対的空間と絶対的時間を表す用法は、これまで見てきた現場指示用法と相違があるものの、指示物が発話状況に基づいて同定されているという点から、現場指示用法の一種であると考える。すなわち、従来の現場指示が領域内にある事物を指示するのに対し、絶対用法では話し手や聞き手が存在する空間的・時間的領域そのものを指すと考えるのである。

### 3.3.2 絶対空間を表す現場指示

まず実体のない指示対象の中でも空間を表す言葉、例えば「ここ」「こちら」「この世界」などについて見てみたい。

(18) (目の前のレストランを指差しながら聞き手に)
明日の昼12時頃、ここで食事しない？

(19) A:（ある会社を訪ねて）ここは田中社長の居られる会社でしょう？
B: はい？そうです。失礼ですが、どちら様でしょうか。
（金 2006:125）

(20) 「もし希望が叶えていただけなければ」と男は言った。「あなた方はどのみちアウトです。これから先ずっと、この世界にはあなた方の入り込む場所はありません」
（村上春樹『羊をめぐる冒険』）

例 (18) ではレストランという物理的な指示対象が存在し、発話時に指でその指示対象を指し示すことが可能である。その意味で、例 (18) の「ここ」は指差し行為を伴う現場指示である。一方、例 (19) の「ここ」（＝会社）は話し手と聞き手が現在共有している空間であり、指差し行為を必要としない。

例 (20) での「この世界」は目で確認できる特定の指示対象があるわけでもなく、先行文脈に必ずしも先行詞がある必要もない。この条件で、話し手と聞き手の居場所を表している点から、従来の現場指示とは異なる。

例 (19)(20) に共通しているのは、コが話し手の領域にある事物ではなく、領域そのものを指示しているという点である。なお、話し手の個人領域と聞き手の個人領域が重なるときは話し手の個人領域であることが優先され、コが選ばれる。これは独り言ではソではなく、コが用いられるのと同様の現象である。

さて、話し手と聞き手は常に同じ場所にいるとも限らない。例 (21) のように、話し手が聞き手と発話場所を共有していない場合、相手の居場所をソ系で、自分の居場所をコ系で指示しなければならない。このような表現は手紙や電話などに多く見られる。

(21) そちらは今雪が降っているか、と彼は訊いた。今のところ何も降ってない、と僕は答えた。

(村上春樹『ダンス・ダンス・ダンス』)

以上のように、同じ発話場所に話し手と聞き手がいる場合はコが使われる。一種の「包括的 (inclusive)」指示と考えることもできよう。一方、話し手と聞き手が離れた場所にいるとき、話し手の領域にはコが、聞き手の領域にはソが用いられる。また、日本語のアは空間の現場指示用法を持たない。これは会話領域の外に領域がない以上、指示対象が存在しないことからの当然の帰結である。

### 3.3.3 絶対時間を表す現場指示

時間に関する現場指示用法は、近称だけである。「コレマデ」「コレカラ」「コノ頃」「コノ夏」などと用いられるコは、いずれも、話し手の存在する時、すなわち現在を指示する。話し手の現在と聞き手の現在、あるいは話し手の現在と他者の現在は一致しているはずなので、話し手の発言の「いま、ここ」に深く関わるコ以外の指示詞は出現できないのである[3]。

コ系列の指示詞は、絶対的空間を表す現場指示用法には話し手の領域に属するものを指示するが、絶対的時間を表す現場指示用法では、話し手がその時間の中に身を置いている一定の期間であり、話し手は発した時点でその期間が常に特定できる。その期間は現在または現在を基点とした過去や未来の期間、さらには発話時点に近い過去や未来を表す。また、この用法では、他の系列の指示詞、すなわちソ・アと交替することができない。

(22)　i〔現在〕

{このごろ/*そのころ/*あのころ} よく眠れない。

ii〔過去から現在まで〕

a. {この/*その/*あの} 三週間、どこにも行かなかった。

b. {ここ/*そこ/*あそこ} しばらく、雨が降っていません。

iii〔現在から未来まで〕

{ここ/*そこ/*あそこ} 十日間は暑い日が続くでしょう。

iv〔近い過去〕

{この/*その/*あの} 春、大学を卒業した。

v〔近い未来〕

{この/*その/*あの} 春、大学を卒業します。

---

[3] 指示詞を使わなければ、「さっき」「昨日」「明日」などのダイクシスは当然可能である。また、「そのとき」「あのころ」などは次章で見る文脈指示に相当する。

このように、絶対的空間と時間を表す現場指示は、今まで検討してきた現場指示用法と同様に扱うことができる。

## 3.4 指示詞の決定要因

この節では、個人領域を決定する諸要因について検討する。3.4.1節では物理的距離、3.4.2節でコントロール・直接接触、3.4.3節で操作可能性・行為の主体性、3.4.4節では所有・所属関係について述べる。

### 3.4.1 物理的距離

話し手/聞き手から距離の近い対象物にはコ、遠いものにはアが用いられるが、ここでいう距離とは、認知主体（話し手）による認知的判断によるものである。つまり、指示対象が近か遠かは、話し手が自分の身体と聞き手の身体と合わせた共同身体から距離を計算している。

まず、認知主体（話し手）がある対象を近とみなすか遠とみなすかの判断要因を見てみよう。一般的に、例(23)(24)のように、近か遠かは物理的距離によって判断される。

(23)【隣にあるカバンを指して】
{これ/*あれ}は忘れ物ですか。

(24)【隣の人に10メートル先にあるカバンを指して】
{*これ/あれ}は誰かの忘れ物ですか。

なお、この物理的距離は絶対距離ではなく、拡張したり、縮小したりする相対的なものである。

(25)【夜空の星を指さしながら】

これが北斗七星だから、あの星が北極星だ。

更に、物理的距離は同じであっても、指示対象は他のものより離れて目立つ場合、近とみなしやすくなる。

(26)【窓際に立って遠くにある山を眺めながら】
いつか{この/あの} 山に登ってみたいなあ。
(27)【展望台から繁華街を眺めながら】
{?この/あの} 白い建物は何?

### 3.4.2 コントロール・直接接触

Imai（今井）(2003a, b, c）は、話し手の領域を決定づける要因としては「物理的距離」よりも「コントロール」の概念の方が重要であるとする。彼による「コントロール」の概念は、「直接接触」「間接接触」「(非接触)間接コントロール」に下位分類される。「直接接触」とは、手で指示対象を直接触る場合で、「間接接触」とは、釣り竿のような長い道具で遠い指示対象に触れる場合、「間接コントロール」とは、遠くにあるコップに結びつけられたひもを手前に引っ張るような場合で、この順にコントロール性が低くなる。

今井によれば、彼の調査した11言語すべてにおいて、直接接触では近称指示詞が用いられ、「間接接触」および「間接コントロール」では近称指示詞とともに非近称指示詞が用いられたという。

ここで、日本語に関する今井の実験を紹介する。この実験では、縦60cm×横75cmのテーブルに、高さ8cmのコップをおいて、話し手にそのコップあるいはコップの位置を、指示詞を使って指し示してもらってデータを収集している。

まず、調査者が話し手のすぐ後ろに立っている場合、次の結果が得られている。ここでSpkは話し手が指示対象であるコップを手に持ってそれを指示した場合に使われた指示詞を、0cmは、コップをテーブルの話し手に近い縁に置いた場合に使われた指示詞を、160cmは、コップをテーブルの話し手から遠い縁に置いた場合に使われた指示詞を示している。

表1（Imai 2003a:88）

| Spk | 0cm | 40cm | 80cm | 120cm | 160cm |
|---|---|---|---|---|---|
| ko | ko | ko/so/a | ko/so/a | so/a | so/a |

つぎに調査者（Adr）がテーブルの反対側に立っている場合は、表2のようになった。

表2（Imai 2003a:88）

| Spk | 0cm | 40cm | 80cm | 120cm | 160cm | Adr |
|---|---|---|---|---|---|---|
| ko | ko | ko/so | so/a | so/a | so/a | so |

さらに今井は、話者と調査者を4メートル離した場合の実験も行っている。

表3（Imai 2003a:88）

| -3m | -2m | -1m | Spk | 1m | 2m | 3m | 4m/Adr | 5m | 6m | 7m | 8m |
|---|---|---|---|---|---|---|---|---|---|---|---|
| a | a | so/ko | ko | ko/so | so | so/a | so | so/a | so/a | so/a | a |

以上の実験結果から、Imai（2003a,c）は日本語話者は直接接触可能な領域にある対象をコで、話者から少し離れておりかつ聞き手の領域にある対象をソで、それぞれ指示すると結論づけている。また、対象との距離の基準点が話し手の場合もあれば聞き手の場合もあることから、日本語はdual-anchor systemの言語で

あるという。

「コントロール・直接接触」という要因が個人領域の決定要因であることは間違いないであろう。しかし、日本語をdual-anchor systemの言語とする結論は疑わしい。表3で、話し手の後ろ1mのところにあって、明らかに聞き手の領域にはない対象をソで指示することが可能であることが示されているからである。日本語指示詞の使用に際しては、聞き手の領域は配慮されないのである。

### 3.4.3 操作可能性・行為の主体性

金水・田窪（1990）は「相対的距離」よりも重要なパラメータのひとつとして、「操作可能性」というパラメータを提案している[4]が、その定義ははっきりしない。彼らの挙げている例で考えてみよう。

(28)　病院で

医者:【患者の腹部を押さえながら】ここ、痛みますか。

患者: そこは、それほどでもありません。

ここで、医者は患者の腹部に単に直接触れているだけではなく、触診という行為を行っており、患者の腹部が医師の個人領域にあることは問題ない。これに対して、患者は自分の腹部でありながら、「ソコ」と呼んでいるのは、診断行為の主体ではないため、自分の個人領域からはずさざるを得ないのであろう。

以上から、「操作可能性」を話者が「行為の主体」であるかどうかという観点で捉えたい。すなわち、話し手がある事物に対す

[4] 今井の「コントロール／直接接触」の概念は、金水・田窪（1990）における「操作可能性」に非常によく似ているように思われるが、Imai/今井（2003a, b, c）の参考文献に金水らの研究は挙げられていない。

る行為の主体であれば話者の個人領域に入り、そうでなければ、たとえ自分の身体部位であったとしても、個人領域からはずれるのである。

### 3.4.4 所有・所属関係

金水・田窪（1990）は所有・所属関係も指示詞選択に影響を与えるとして、次の例を挙げている。

(29)【話し手から 2メートルくらい離れたところで、話し手の妻が、幼児を抱いているとする。その妻に夫が話しかける。】
夫: {この /その子}、おまえとよく似ているね。

この例に関しては、「指示対象が二人の間にできた子供であるなら、『この』しか使用することができない。しかし、例えば夫にとって見知らぬ子供であったら、逆にソの使用が優先されるはずである」としている。

## 3.5 まとめ

本章では、発話状況領域を更に「個人領域」と「会話領域」に分割したことで、日本語指示詞の現場指示用法を次のようにまとめることができた。

(30) コ: 話し手(S) の個人領域内にある事物を指す。
ソ: 話し手(S) と聞き手(H) を含む会話領域内にある事物を指す。
ア: 会話領域内から、領域外にある事物を指す。

また、個人領域の設定を行う際には、物理的距離、コントロール・直接接触、操作可能性、所有関係などの要因に影響されることを見た。

さらに、会話領域を設定することで、従来の研究で解決できなかった、ソ系指示詞の諸現象の統一的な説明ができ、領域そのものを指示対象とする絶対用法も現場指示として扱うこともできた。

# 第 4 章 文脈指示用法

一般に文脈指示用法とは、対話や文章、内言・独白などにおいて、自分や相手が発した言語表現を指示の対象にするもので、照応（anaphoric）用法とも呼ばれる。

本章では 4.1 節で先行研究を概観しつつ問題の所在を明らかにし、4.2 節で本論の仮説を提示し、談話モデルにおける「コ・ソ・ア」を個別に論じる。4.3 節では独話における「コ・ソ・ア」について述べる。最後に 4.4 節では、文脈指示における「コ・ソ・ア」の使い分けと特性をまとめる。

## 4.1 先行研究とその問題点

ここでは、いくつかの先行研究のうち代表的と思われるものから、「コ・ソ・ア」の選択問題を中心に見て、その問題点を指摘する。説明の便宜上、コ系とソ系、ソ系とア系の二項対立に還元して論を進める。

### 4.1.1 コ系—ソ系

#### 4.1.1.1 主体的か客観的かによる区分

コ系とソ系の研究では、まず、阪田（1971）が会話と文章の場合を区別して次のように主張している。会話の場合は、自分の発言内容はコ系、相手の発話内容はソ系で指示されるのに対し、文章の場合は、話し手（作者）が先行叙述内容を主体的に把握するときは自分の領域として把握するのでコ系で指示するが、客観的に把握するときは自分の領域の外として把握するのでソ系で指示するとした。また堀口（1978）の説明も阪田の文章の場合の説明に通じるが、コは自分と密接な関係のもの、ソは自分と密接な関係ではないものを指すときに使うとした。

これらの研究によれば、会話の場合は聞き手の概念が導入されているが、文章の場合は話し手（作者）の態度が指示対象と密接か否か、主体的か客観的かによってその用法が区別されることになる。しかし、これらの研究でも指摘されているとおり、話し手の態度が問題になるのがなぜ文章の場合に限られるのか、説明がない。また上記の先行研究では、現場指示用法との関連性について説明していないという問題もある。

#### 4.1.1.2 直示的かどうかによる区分

金水・田窪（1990）は、話し手の知識を「直接経験的領域」と「間接経験的領域」に分け、「特に理由がない限り、話し手の直接経験的領域に存在する対象は直接経験的対象として指示する」という指示方略を立て、その上で、ア系統は直接経験的領域にあるものを指し、ソ系統は間接経験領域にあるものを指すと規定した。そして話し手から心理的距離の面で中立的なソ系に対し、近称のコ系は明らかに文脈指示においては有標であり、強調する効果があるとした[5]。

金水・田窪モデルは現場指示や、文脈指示におけるソ系とア系の対立の説明には極めて有効である。しかし、文脈指示におけるコ系とソ系の対立に関して庵（1997）は次の二点の問題点を指摘している。

第一に、例 (1) のようなタイプの文連鎖では体系的にソ系統しか使えないが、なぜ強調の効果を狙ってコを使うことができない

[5] 東郷 (2000) でも、コは一種の現場指示であるという金水・田窪の分析を支持し、小説や物語で架空の世界について語るとき、その架空の世界の地理の場面は、想像上の発話の場として把握されると述べている。

のか、その理由を説明できない。

(1) 順子は「あなたなしでは生きられない」と言っていた。その（#この）順子が今は他の男の子供を二人も産んでいる。

第二に、コ系統は文脈指示において有標であるという点である。庵は朝日新聞朝刊コラム「天声人語」の1985年から1991年までの全用例のうち、「この」と「その」が指定指示のガ格で使われている例を調査した結果、表1のように、「この」が言えて「その」が言えない場合が広く存在することを指摘し、「コ系統は文脈指示において有標」ではなく、むしろ「コ系統は文脈指示において無標」であろうと指摘している。

**表1「は」と「が」**（庵 2007:36）

| | は | が | 合計 |
|---|---|---|---|
| この | 321 | 107 | 428 |
| その | 58 | 119 | 177 |
| 合計 | 379 | 226 | 605 |

つまり、田窪・金水の談話管理理論は現場指示用法と文脈指示用法について統一的な説明を試みており、文脈指示におけるソ系―ア系の対立をうまく説明できるが、庵が指摘するように、コ系―ソ系の対立に対しては有効ではないことが問題として挙げられる。

### 4.1.1.3 結束性による区分

庵（1997）は、指示詞の文脈指示用法には、ソ系統とア系統の対立、コ系統とソ系統の対立という二つのタイプがあるとした。

前者の場合は話し手が基本的に当該の個体を「知っている」か否かによって規定され得るものとし、金水・田窪（1992）の主張を取り入れ、「知識管理に属する文脈指示」と呼んだ。しかし、後者の場合については金水・田窪の説明の限界を指摘し、「文脈指示のコ系統とソ系統の対立は本質的に『知識管理』とは異なった原理、すなわち『結束性[6]』に支配されているもの」であるとした。(2) が、庵が挙げる談話管理理論が扱えない文脈指示用法の例である。

(2) 順子は「あなたなしでは生きられない」と言っていた。その(/*この）順子が今他の男の子供を二人も産んでいる。(2=1)

（庵 1997:21）

庵における談話管理理論への代替案は、ソ系指示詞とコ系指示詞に対して、それぞれ異なった観点からの意味を与えるというものであった。

（Ⅰ）「この」はテキスト送信者（話し手 / 書き手）が先行詞をテキストのトピックとの関連性という観点から捉えていることを示すマーカーである。

（Ⅱ）「その」はテキスト送信者が先行詞を定情報名詞句へのテキスト的意味の付与という観点から捉えていることを示すマーカーである。

[6] 庵では、結束性を次のように定義している。
「ある文がその文だけでは解釈が完結しない要素を内包しているとき、その文は先行 / 後続する文（連続）に解釈を依存しており、そのことによってその文連続は全体でテキストを構成する。この場合、その文連鎖は『結束的』であり、そのテキストに『結束性』が存在する。」

これらを用いて庵は(2)でコノが使用できない理由を、「テキスト的意味の付与が義務的な文脈ではソノしか使用できない」としているが、「順子」はトピックでもあるのに対し、なぜテキスト的意味の付与が義務的になれば自動的にコノが使用できなくなるのかは不明である。また、現場指示と文脈指示では全く異なった理論を用意しなければならないというのも問題点の一つになる。

#### 4.1.1.4 直接指示か間接指示かによる区分

堤（2002）は、まず話し手を囲む現実の外部世界をWo、話し手が外部世界や文脈から構築した世界をWs、そしてWoとWsの中間的存在（interface）をWpと設定した。そしてWp内の要素を介してWs内の要素を指示することを間接指示とし、Wp内の要素を介さずにWs内の要素を指示することを直接指示とする。このモデルを表にすると表2のようになる。

**表2 堤のモデル**

<table>
<tr><td>Wo → Ws</td><td>直接指示</td><td rowspan="2">指示的</td></tr>
<tr><td>Wo → Wp → Ws</td><td rowspan="2">間接指示</td></tr>
<tr><td>Wo → Wp</td><td>非指示的</td></tr>
</table>

また、堤（1998）の理論では、コノは指示的であるが、ソノは非指示的であり、コノとソノの違いは次のように記述される。

(3) a. コノはWsに登録された対象をさす。

b. ソノはWpに登録された対象をさす。

堤のモデルにより、次のような例が説明される。

(4) あるところにおじいさんが住んでいました、この /そのおじいさんが山へ柴刈りに行きました。

(堤 2002:55)

(4’) ∃x［おじいさん (x)］

(5) ダイアナ王妃が亡くなりました。この /*その王妃はやっぱり歴史に残る偉大な人物だったよね。

(堤 2002:57)

(6) 太郎は羊を飼っていて、それを育てて売ることで生計を立てている。

花子はその /*この羊にえさをやる。

(6’) 太郎は羊を飼っている。花子はこの /その羊にえさをやる。

(堤 2002:67)

(4) の「おじいさん」は、不定名詞のため、(4’) のように変項を用いて表記される。したがって (4) では Wp を介して Ws へ「おじいさん」の指示対象が登録されることになる。Ws は、話者が外的世界や文脈から構築する世界であるので、そこに実存しない対象が登録されることは本モデルでは一切問題がない。「おじいさん」は Wp を介して Ws に登録しているので、当然 Wp にも Ws の対象に対応する対象が変項を介した形で登録されている。したがって (3) によりコノ / ソノどちらでも指すことができる。

Wp を介さずに、直接 Ws に指示対象が登録されるものには、その典型として (5) のような固有名詞がある。固有名詞は厳格な指定表現であるので変項を導入する必要がなく、したがって Wp にその指示対象が登録されない。一方、(6) のように、コ系指示詞が使用できずにソ系指示詞のみが使用できるという環境は、Wp から Ws への対象の登録が拒否される場合である。(6) における「太郎が飼っている羊」は、それを育てて売っているわけであるからその指示対象に日々の変化があると考えられる。コノが使用できないことは、コノがこのような非特定的な状況を表現するのには適さないものであることを示している。コノが使用できるのは、(6')のように太郎が常に同じ羊を飼っているという特定的な解釈のみである。

堤は直接指示と、変項を介した指示という二つの世界を考えることで、コノとソノがどのような環境で使用でき、どのような環境では使用できないのか、そしてそれはなぜなのかとういう問いに対して答えを与えた。しかし、堤（2002）も指摘しているように、このモデルではコ系とア系がWsという同一領域内の要素を指示することになるという問題がある。つまり、コ系とア系はそれぞれ、話し手の中の異なる心的領域から動員され、Ws内の要素を指示するという点から区別されるべきものであるが、このモデルではその区別ができない。また、このモデルを現場指示用法へ適用することの妥当性も検証されていない。

### 4.1.2 ソ系ーア系

このセクションでは、ア系ーソ系の使い分けに「共有知識」という概念が必要かどうかという議論を軸に、先行研究を概観する。

#### 4.1.2.1「共有知識」必要説

堀口（1978）は、ア系ーソ系の使い分けに関して、(7)のような例を挙げ、Bが「あの頃」と言えないのは「社交の問題」であり、指示詞にとっては二次的な問題であるとした。

(7) A: 3年前は東京にいました。

B: あの頃あなたは学生でしたか。

（堀口 1978）

これに対して久野（1973:185）は、共有知識という概念を軸に、ソ系―ア系の使い分けに関して、次の提案をしている。

ソ系：話し手自身は指示対象をよく知っているが、聞き手が指示対象をよく知っていないだろうと想定した場合、あるいは、話し手自身が指示対象をよく知らない場合に用いられる。

ア系：その代名詞の実世界における指示対象を、話し手、聞き手ともによく知っている場合にのみ用いられる。

これに基づけば、(7)Bが「あの頃」と言えないのは「社交の問題」ではなく、Aしか知らない事柄だからである。一方(8)で「あの人」が使えるのは、「話し手は、聞き手が山田のことをよく知っていることを知っているから、『山田さん』に対する文脈代名詞として、ア一系列を用いている」（久野 1973:183）と説明することができる。

(8) 話し手: きのう、山田さんに初めて会いました。{あの /*その} 人随分変わった人ですね。
聞き手: {あの /*その} 人は変人ですね。

金水・田窪（1990）も「命令、質問等の発話行為は、聞き手の知識を顧慮しなければ成り立たないので、やはり知識の共有に関する制約が効力を持つ」として、次の例文を挙げている。

(9) ぼくは大阪にいるとき山田という先生に習ったんだが、君も{?*あの /その} 先生につきなさい。

(10) ぼくは大阪にいるとき山田という先生に習ったんだが、君も{?*あの /その} 先生につく気はありませんか。

一方、Yoshimoto（1986）などでは、一見すると反例と思われる例文が挙げられている。下の例文では、話し手BはAが指示対象を知らないことを知っているにも関わらずアを使っており、聞き手の知識を考慮することなく、ア系が用いられている。

(11) A: この本、ミラーという人が書いたそうなんですが、どこの人ですか？
B: 君、あの先生を知らないのか？

(12) A: Bさんが芸能界に入ったのはどんな時代でしたか？
B: あの頃は浅草オペラの全盛時代でしてね。

上の例についてYoshimotoは、(11)(12)はアが話し手・聞き手の知識に共有されている時に用いられることを利用したレトリック的表現であって、アの基本的用法そのものには変わりがないと主張している。

また、東郷（2000）では、次のアの用法を用いて「共有知識」が必要であるとした。

(13)【会社の廊下で部長が部下に向かっていきなり】
A: 君、<u>あの件</u>、どうなった？
B: はい、<u>あの件</u>でしたら、うまく行きました。

上記の(11)(12)については、東郷はこのように共有知識の制約に反してアを用いるには、次の条件(i)が必要であるとし、話し手は(ii)の操作を行なうことで、(11)のような一方的断定というニュアンスや、(12)の聞き手を置いてきぼりにして回想にふけっているというニュアンスが生じるという。しかし、なぜこのような条件が必要なのか、またなぜこのような操作が可能であるのかははっきりしない。

(i)　指示対象についての概念的・間接的知識ではなく、体験などに基づく直接的知識が必要な内容を述べている

(ii) 聞き手の談話モデルの状態の査定をいったん停止、または意図的にカッコに入れている

### 4.1.2.2「共有知識」不要説

これに対して、黒田（1979:54）は、指示詞ソ・アの選択に真に本質的な要因は、話し手及び聞き手が対象を「よく知っているかいないか」ということではなく、話し手が指示詞使用の場面において対象を概念的知識の対象として指向するか、直接的知識の対象として指向するか、ということにあるとし、次の例を挙げている。

(14)　今日神田で火事があったよ。{?あの /*その} 火事[7]のことだから人が何人も死んだと思うよ。

(14) において、聞き手は神田の火事を知らない。久野の規定では、話し手はソ系を使用するべきであるが、「その火事」は明らかに非文である。一方、黒田の論では、「『あの火事のことだから』という言外には『神田の火事』という概念だけからでは知り得ない話し手の直接的知識に基づいて、話し手が『人が死んだんだろう』という推定を下している意が言外に含まれる」と説明さ

[7]「あの」を用いた場合について、黒田は「この文は少し座りが悪いかもしれない」としている。その理由について、話し手は直接経験を推論の根拠としているのであるが、「聞き手のほうでは話し手の推論の根拠を知る由もないから、推論を推論として理解することができず、『推論』を逆用して、『人が何人も死んだだろうと推定されるような大火事』という概念的理解を付き加えるより致し方なく、このあたりにぎこちなさを感じさせる因があるのであろう」と述べている。

れている。

また、小出（1995）は、（15）に見るように、命令、質問などであっても、必ずしもアーソの分布を予測できない場合があると指摘している。

(15) A: 新潟に行くんですけど、おみやげは何がいいでしょうか。
B: そうだな、笹団子というお菓子があるんだけど、{*それ/あれ} がいいな。

例（15）は、一種の依頼という発話行為であるが、ソ系は使えない。金水らの理論によれば、聞き手に対する要求が強いものは、ソ系になるだろうと予測されるが、この例を見る限り必ずしもそうなってはいない。

この問題を解決するのに小出は、「聞き手にとって、その発話の意図が推論される可能性を最大にし、かつその労力を最小にするように伝達されなければならない」という「関連性の原則」から出発し、「推論手掛かりの十分性」を指示詞の選択の軸とした。「情報が表層で少ない時は、ア系で指されるのである。そして、付加的な情報が多く加えられるようになると、談話空間内で限定が可能になり、ソ系指示の許容度が上がっていく。」と述べ、例（15）の対比文として次の例文を挙げている。

(16) A: 新潟に行きますが、おみやげは何がいいでしょうか。
B: 古町に高島屋があるでしょう。あそこの地下に Aという店があるんだけど、そこで笹団子というお菓子を売っているんだ。{それ/あれ} を買ってきてくれないかな。

例（15）では、「笹団子」という名詞句が、総称的内容を指すもので、個別、特定の存在ではなく、その類全体を指すものである。「笹団子を買ってくる」ためには、「笹団子がある」という情報だけでは不十分である。これに対し、例 (16) のように「買う」という行為成立のための情報が多くなると、ソ系の許容度が上がっていくことがわかる。逆に、ア系の許容度は下がっているように感じられるという。

小出は文脈上に与える「情報量」によってソ系―ア系を区別されているが、コ系―ソ系との違い、または現場指示用法との関連性が言及されていない点が問題となる。

### 4.1.3 まとめ

以上の先行研究をまとめてみると、文脈指示用法におけるコ系ーソ系は、主体的なものを指すか客観的なもの指すか、直接に指示するか間接に指示するか、または結束性によって使い分けられるかなど、様々な説が見られた。一方、ソ系ーア系は、主に「知識の共有」が必要であるかどうかをめぐって議論されてきた。本研究では、これらの研究を踏まえて、言語情報の伝達・認知の観点から、談話モデルにおける文脈指示用法の分析を行う。

## 4.2 本研究の立場

本研究における談話モデルとは、話し手と聞き手の両方の側に、談話の進行に応じて構築される心的領域を指す。本章では、この談話モデルを用いて指示詞の文脈指示用法を分析する。談話モデルには、導入された指示対象が登録され探索される領域として、「知識領域」「発話状況領域」「言語文脈領域」の三つがある。「発話状況領域」は現場指示に関わるもので、本章で扱う文脈指示には「知識領域」と「言語文脈領域」が関わる。ここで、談話モデルにおける文脈指示用法を以下のように定義する。

(17) 文脈指示：話し手が自分の領域(DM-S) から、指示対象を言語文脈領域に導入し、聞き手の領域(DM-H) に対応物が形成されたときの指示関係

文脈指示に関わる談話モデルを図示すれば、図1のようになる。下の図では、「知識領域」と「言語文脈領域」の二つの領域をそれぞれ正方形と楕円形で示した。

なお、各領域に登録される指示対象をA、それに関する様々な情報をaと表記する。またその様々な情報が含まれる指示対象を$A_{(a0, a1, a2 \cdots ai)}$ と表記する。

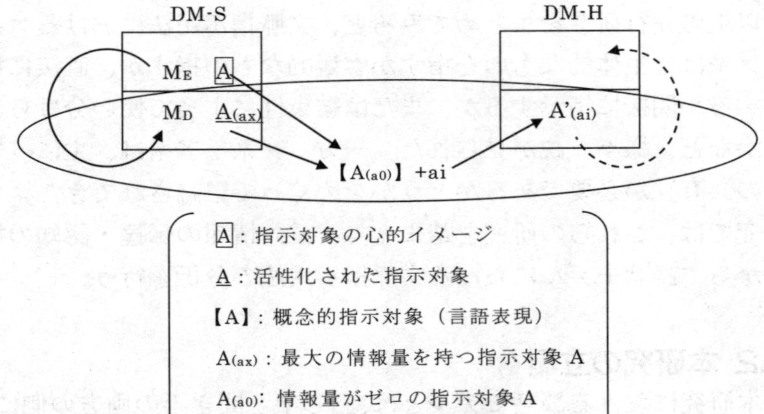


**図1 談話モデルにおける文脈指示用法**

上図で、話し手の長期記憶領域$M_E$にはA があある。これが直接、言語文脈領域に導入される場合もあれば、発話内容に応じて活性

化され、談話記憶領域$M_D$に持ち出される場合もある。言語化によって言語文脈領域に導入された直後はもちろん情報量がゼロである（$A_{(a0)}$）が、文脈によってaiが付加され、それが聞き手の領域で$A'_{(ai)}$として表示されることになる。なお、談話記憶領域$M_D$は発話内容に依存し、言語文脈領域にある。一方、長期記憶領域$M_E$は発話とは無関係に存在するものであるため、言語文脈領域の外に置くことにする。

本研究では、文脈指示には指示詞コ系・ソ系・ア系すべてが現れると考える。ここで、テキスト形式と会話文形式と二つのジャンルに分けて、指示詞が指す対象とそれに関する情報が談話モデルのどの領域に登録されているのか、つまり指示対象をどのように同定するのかをそれぞれ見ていこう。

### 4.2.1 ソ系指示詞の談話モデル

ソ系指示詞については様々な議論がされてきたが、その多くは、「聞き手」が関与するかどうかに応じて「聞き手のソ」と「中称のソ」の二つに分けて説明されている。また、文脈指示におけるソ系とコ系指示詞の使い分けの基準が不明確であるため、コが使われるべき場合以外はソ系を使われると規定されてきた。本研究では、「中称のソ」であれ、「聞き手のソ」であれ、同じ言語形式であるため、そのプロトタイプは同じであると仮定し、文脈指示用法におけるソ系指示詞の一般化を提案する。その際、コ系とソ系指示詞の相違を明確にするため、ソしか使えない例文を中心に扱う。

#### 4.2.1.1 テキスト形式のソ

まずテキスト形式におけるソ系指示詞から見ていこう。ここで、(18) は聞き手や読み手の存在を前提とする、いわゆる「聞き手のソ」の例である。一方、(19) は特定の聞き手や読み手が存在しない、いわゆる「中称のソ」の例である。

(18) 二階の事務室に行ってください。そこに係りの人がいますから。

(19) 順子は「あなたなしでは生きられない」と言っていた。{その/#この} 順子が今は他の男の子供を二人も産んでいる。

(庵 2007:98)

例 (18) では、話し手の長期記憶領域 $M_E$ には事務室 A がある。それが発話内容に応じて活性化され、談話記憶領域 $M_D$ に持ち出され、$A_{(ax)}$ になる。次に言語化することによって言語文脈領域に導入される。ここで注意しなくてはならないのは、この例文では、指示対象を言語文脈に導入するには二つの過程があるという点である。はじめに、話し手が【$A_{(a0)}$】「【事務室】」という空っぽの概念的指示対象、言い換えれば言語表現そのものを提示する。次に、情報 a1「二階にある」が付加される。このとき初めて聞き手領域 DM-H に対応物（「二階にある」【事務室】）が形成される。つまり、「そこ」が指示しているのは「二階にある」「【事務室】」である。

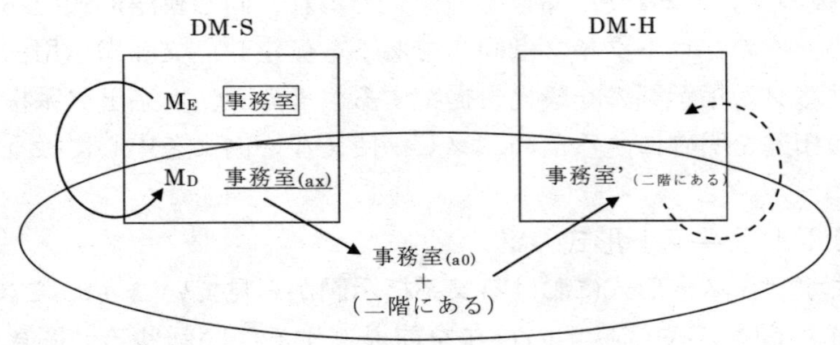


図 2 例 (18) の談話モデル

ここで強調したいのは、ソ系指示詞は先行文脈のある言語表現をそのまま代理してはいないということである。このような認知プロセスは例 (19) ではより明らかである。活性化された指示対象 $\underline{A_{(ax)}}$「$\underline{順子}$」が DM-S から言語文脈領域に導入され、文脈上に指示表現の【$A_{(a0)}$】「【順子】」が存在する。また、文脈によって指示対象に関する情報 a1「『あなたなしで生きられない』と言っていた」が与えられ、$A_{(a1)}$ が形成される。ここでソは、再構成された $A_{(a1)}$「『あなたなしで生きられない』と言っていた」【順子】を指示する。この時、DM-H にも対応物 $A'_{(a1)}$ が形成される。

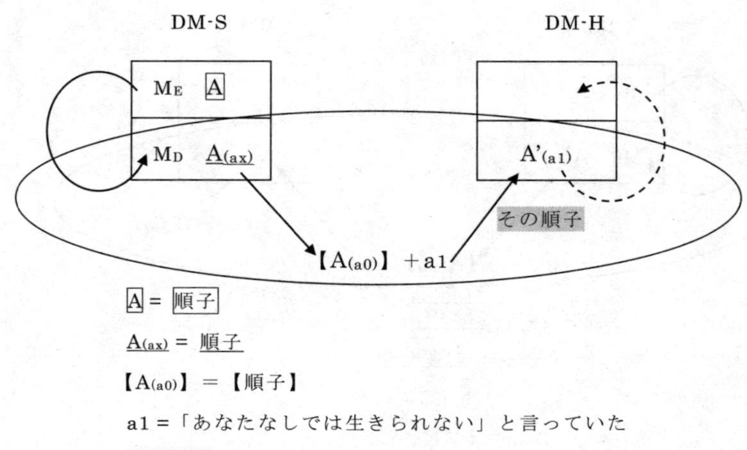


A = 順子

$\underline{A_{(ax)}}$ = $\underline{順子}$

【$A_{(a0)}$】 = 【順子】

a1 =「あなたなしでは生きられない」と言っていた

その順子 = 【$A_{(a0)}$】 + a1 = $A_{(a1)}/A'_{(a1)}$

= 「『あなたなしでは生きられない』と言っていた」【順子】

**図 3 例 (19) の談話モデル**

### 4.2.1.2 会話文形式のソ

次に、会話形式におけるソを見てみよう。

(20) 母:「今日家にお客さんが来るから、早く部屋を片付けなさい。」
　　娘:「そのお客さん、もしかしてお姉ちゃんの恋人？」

この例では、まず、話し手が指示対象の $A_{(ax)}$「お客さん」をDM-Sから言語文脈領域に導入すると、文脈上に概念的指示対象（言語表現）の【$A_{(a0)}$】「【お客さん】」が存在する。さらに「今日家に来る」という情報a1がつけ加わる。つぎに聞き手はソを用いて、話し手が言語文脈領域に導入した「『今日家に来る』お客さん」を指示する。

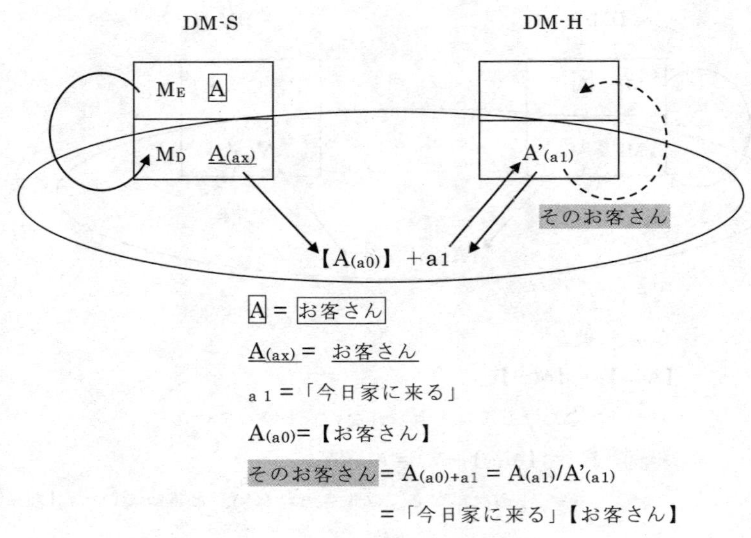


図4 例 (20) の談話モデル

例 (20) でわかるように、会話文形式文でも、ソ系指示詞はテキスト形式文と基本的に同じモデルで表すことができる。また、ソ系指示詞には「中立のソ」と「聞き手のソ」という区別は不要で、すべてのソ系は「言語文脈領域にある再構成された指示対象を指している」ことが明らかである。

なお、ソ系は例 (18) (19) (20) のように、情報が付け加えられた【言語表現】を指すのはもちろん、例 (21) のように、【言語表現】そのものを指すこともできる。つまり、文脈上の情報値は ai から a0 になる場合がある。

(21) A: 昨日変なやつに会ったよ。
　　B: その「変な」ってどういう意味？

この例文は、以上で述べられてきたものと違い、文脈によって $A_{(a0)}$「【「変な」】」には何の情報も与えられていない。提示しただけである。この場合、聞き手はソを用いて言語文脈上にある言語表現「【「変な」】」そのものを指す。

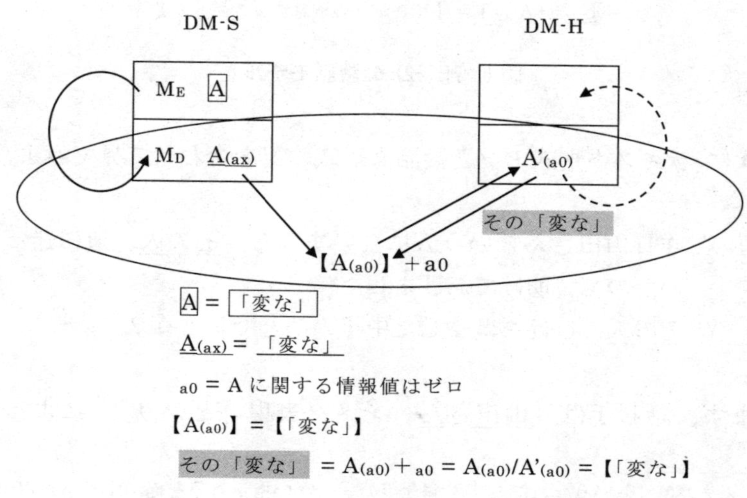


図 5 例 (21) の談話モデル

また、次の(22)のように、指示対象には「でき事」も可能である。この場合、言語文脈領域に導入された情報そのものが【言語表現】となり、ソを用いて指示される。

(22) X：社長が昨晩倒れて、入院しました。
　　 Y：それは大変だ。

(神尾 1990:146を一部改変)

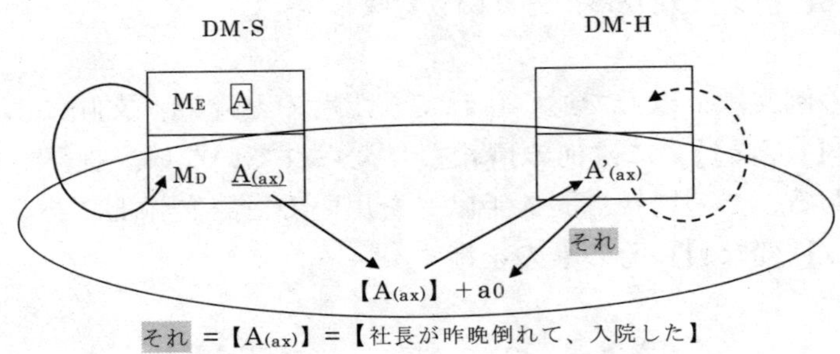


**図6 例(22)の談話モデル**

次に、テキスト形式のソと会話文形式のソを合わせて見てみよう。

(23) X：昨日山田さんという人に会いました。その人、道に迷っていたので、助けてあげました。
　　 Y：その人、ひげをはやした中年のひとでしょう？

まず、話し手は「山田さん」をメタ表現「という」[8]によって

[8] メタ表現「という」は話し手が聞き手の知らない指示対象を提示するとき用いられる表現である。ここでは、話し手がこれから伝えようとする、つまり活性化された指示対象を表す表現であると見なす。

言語文脈領域に提示する。更に発話が続き、情報 a1「道に迷っていた」が提供される。ここで、文脈上にある指示対象 A の情報値は a0 から a1 になり、指示対象は再構成され $A_{(a1)}$ と変わる。つまり、二回目の「その人」は「道に迷っていた」【山田さんという人】を指す。このように、一度言語文脈領域に導入された指示対象は、話し手と聞き手の間でソの使用によって、コミュニケーション上の必要に応じて何度も言及され得るのである。

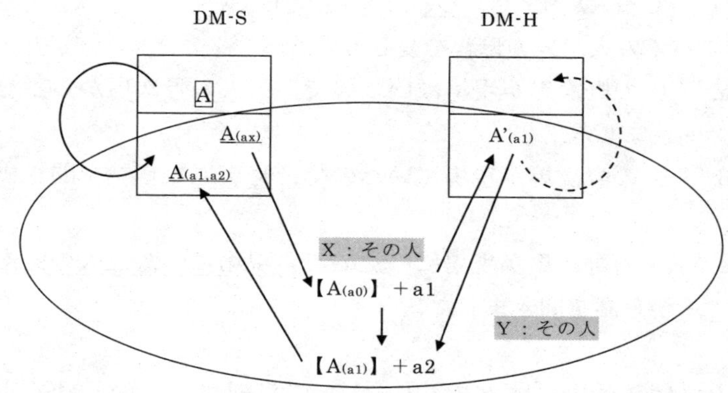


A = 山田さん

$A_{(ax)}$ = 山田さん

a1 =「昨日 X が会った」

【$A_{(a0)}$】=【山田さんという人】

X:その人 = $A_{(a0)}$ + a1 = $A_{(a1)}$/ $A'_{(a1)}$

=「昨日 X が会った」【山田さんという人】

a2 =「道に迷っていた」

【$A_{(a1)}$】=【「昨日 X が会った」山田さんという人】

Y:その人 = $A_{(a1)}$ + a2 = $A_{(a1,a2)}$ / $A'_{(a1,a2)}$

=「道に迷っていた」【「昨日 X が会った」山田さんという人】

**図 7 例 (23) の談話モデル**

### 4.2.1.3 束縛変項解釈・代行指示

ここまで文脈によって指定される指示を見てきたが、この節ではソの束縛変項解釈と代行指示の場合を考えてみる（例文はいずれも作例）。

(24) a. すべての人がその母親を愛している。

b. 三人の野次馬がいたので、そいつらから話を聞きました。

(24') a. *すべての人がすべての人の母親を愛している。

b. *すべての人が人の母親を愛している。

(24'') a. *三人の野次馬が現場にいたので、三人の野次馬から話を聞きました。

b. *三人の野次馬が現場にいたので、野次馬から話を聞きました。

c. *三人の野次馬が現場にいたので、現場にいた三人の野次馬から話を聞きました。

(24) のソは数量詞「すべて」「三人」に束縛され、いわゆる束縛変項と解釈され、(24') や (24'') のように言い換えることはできない。また、(24)a と (24') では意味が異なる。「現場にいたその三人の野次馬」とすればよくなるが、(24'')a, b のような単純な繰り返しでは不十分な上に、「現場にいた三人の野次馬」としてもやはり不自然である。したがって、ソは言語表現を代理しているのではなく、「今、言語文脈領域に導入されたばかりの変項 x」を指示することを示すマーカーとなる[9]。

(25) は代行指示用法とされているものである。代行指示のソ

[9] 前述した例文 (21) のように、ソは言語表現そのものを指すこともできる。この種のメタ言語的用法の場合は、「今、言語文脈領域に導入されたばかりの言語表現」をさす、ということになる。

ノについては庵（1995）をはじめとする研究において、その統語構造を［ソ（レ）/（ノ）］とみなし、指定指示のソノと区別して考え、コノやアノには代行指示の用法がないことにそれらへの置換えが不可能な理由を求める説明がなされることがある。

(25) a. チョムスキーとその著書

b. 昔、ここで一本の芝居が上演された。その作者がのちに小説家になった。

しかし、本研究では代行指示用法はむしろソ系指示詞の用法そのものであると考える。つまり、このソは「今、言語文脈領域に導入されたばかりの対象」を指示するのである。この場合、コノとアノが使えないのは、後述するようにコ系とア系の指示対象は話し手の知識領域に存在する対象を指示するためである。コノやアノを使ってしまうと、チョムスキーと著書、芝居と作者を関係づけられなくなってしまう。このように考えることで、庵の不自然な統語構造なしに、ソ系指示詞の指示用法と代行用法を統一して扱うことができる。

### 4.2.1.4 まとめ

本節では、テキスト形式と会話文形式のソ系指示詞を談話モデルで分析し、ソを用いたすべての形式には(26)のような共通点が見られることを明らかにした。ただし、$A'_{(ai)}$と$A_{(ai)}$は同時に形成されるものであるため、ソが指しているのは$A_{(ai)}$であろうと、$A'_{(ai)}$であろうと、結局$A_{(a0)}$＋ai を指していることには変わりがない点には注意が必要である。

(26) $A_{(ax)}$ →【$A_{(a0)}$】＋ ai /a0 = $\boxed{A_{(ai)}/A'_{(ai)}}$

したがって、文脈指示用法におけるソ系指示詞は次のように定義される。

(27) ソ系指示詞は、言語文脈領域に導入されることによって再構成された指示対象をさす。また、ソ系で指示された指示対象は文脈上に限定される。

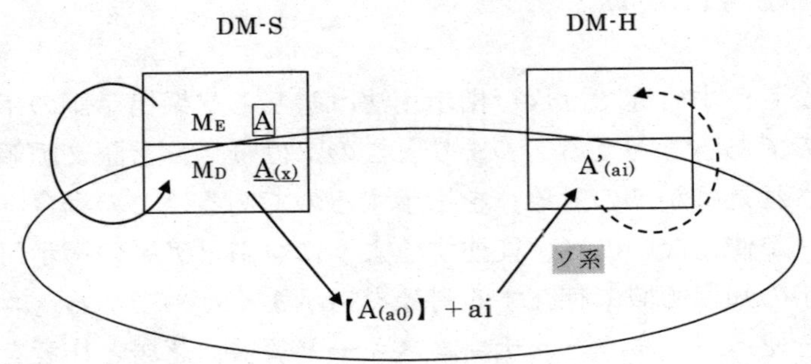


**図 8 ソ系指示詞の談話モデル**

以上で見てきたように、先行文脈のある言語表現をそのまま代行しているという素朴な考え方は捨てる必要がある。ソ系指示詞は上図のとおり、言語表現（先行詞）そのものだけではなく、先行文脈によって与えられた情報や変項まで先行詞とすることができるのである。指示対象が文脈内にある対象に限定されているため、ソ系指示詞は聞き手に提供した情報 1 を基に、さらに情報 2 を補っていく働きをする（図 9)。このように、ソ系指示詞はテキストの結束性に大きな役割を果たしている。

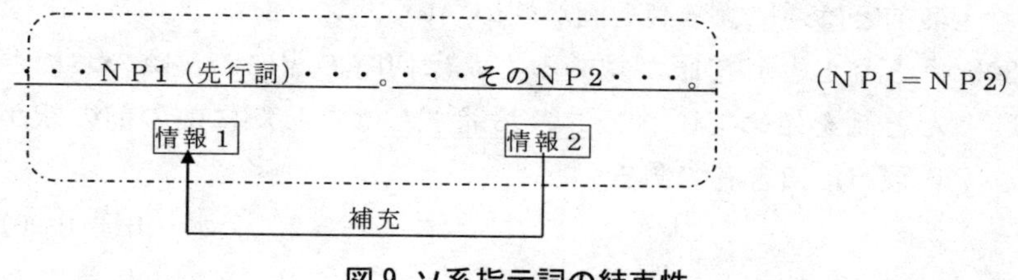


図9　ソ系指示詞の結束性

## 4.2.2 コ系指示詞の談話モデル

次に、コ系指示詞はどうであろうか。金水・田窪（1990）は文脈指示のコは有標で一種の現場指示であると主張し、なんらかの強調的な効果をもたらすという。一方、庵（2007）は逆に有標なのはソで、コは無標であると主張し、コ系とソ系は談話管理理論では説明できないという。本節では、コ系指示詞はソ系とは異なる特徴を持つ文脈指示用法があることを示していく。

### 4.2.2.1 テキスト形式のコ

一人の話し手における一連の発話に含まれる文脈指示から見ていこう。ここで取り上げるのは金水・田窪のいう「解説のコ」(28)(29) と「視点遊離のコ」(30) である[10]。

(28) それから、<u>このこと</u>は公にされてはいませんが、あれは本当は事故死ではなくて自殺なのです。

(29) 私には、酒好という変わった名前の友人がいる。<u>この</u>人は、

[10]「解説のコ」は、あるまとまった内容について説明・解釈するために談話に導入した事物を、解説者が指し示す場合に典型的に用いられるコである。また、「視点遊離のコ」とは、小説や体験など、時間の経過とともに出来事が推移していくような文章にのみ現れるものである。金水・田窪では「解説のコ」を一種の現場指示とみなし、「視点遊離のコ」は話の登場人物の目から近いと感じられるためコを用いられ、現場指示の拡張だとみなしている。

名前とは逆に、一滴も酒が飲めない。

(30) うとうととして眼が覚めると女は何時の間にか、隣のお爺さんと話を始めている。このお爺さんはたしかに前の前の駅から乗った田舎者である。

(金水・田窪 1990)

(28) で使われた「コ」は「解説のコ」の一種として、後方の文を指し示す後方指示であり、「この」の内容はまだ聞き手に伝えられておらず、あくまで話し手だけが管理している情報である。そこで「話し手はDM-S内の談話記憶領域から言語文脈領域に導入し、談話記憶領域にある指示対象を指すとき、『コ』が用いられる」と仮定しよう。

これに対し (29) では、「酒好」は話し手のDM-S内の談話記憶領域$M_D$にある$A_{(ax)}$として、また (29) の発話によって言語文脈領域に【$A_{(a0)}$】として提示される。これにさらに「私の友人だ」という情報a1をつけ加える。ここで、指示詞に何が選択されるかは、後の文脈による。

後文の情報a2「名前とは逆に、一滴も酒が飲めない」とは話し手の記憶領域にある情報であり、【酒好という友人】についての解釈でもある。コを用いると、話し手が談話のため準備しておいた情報（活性化された情報）をこれから聞き手に伝えようというサインとなり、指示対象を$M_D$から新情報を付け加えながら再導入されることになる。言い換えれば、ここで「この人」を用いるということは、話し手のDM-S内の$M_D$から「酒好」に関する情報を次から次に言語文脈領域に導入し、$A'_{(a0, a1, a2 \cdots ai)}$が形成されていくことを予告しているわけである。

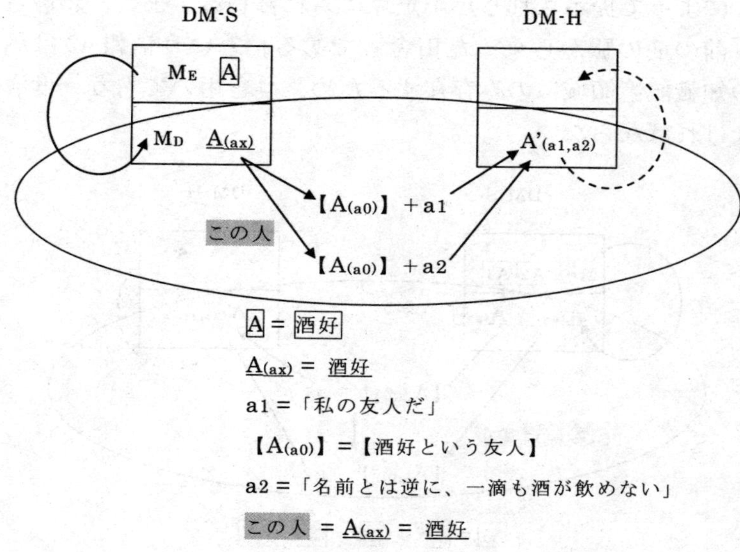


図 10　例 (29) の談話モデル

つまり、ここで「その人」ではなく「この人」が用いられるのは、情報 a1 の「私の友人だ」と情報 a2 の「名前とは逆に、一滴も酒が飲めない」のどちらも「酒好」に関する独立した情報であり、並行的な関係だからである。ソ系指示詞のような、聞き手に提供した情報 a1 を基に、さらに情報 a2 を補っていくような累加関係とは異なるのである。

例 (30) では、文の焦点が前半は「女」であるのに対し、後半は「お爺さん」に移っているという点に注目したい。つまり、この例文ではまず「女」は話し手の DM-S 内の談話記憶領域 $M_D$ にある $\underline{A_{(ax)1}}$ として、また発話によって言語文脈領域に【$A_{(a0)1}$】として提示される。これに「隣のお爺さんと話している」という情報 a1 をつけ加える。しかし、文の後半で「お爺さん」(「【$A_{(a0)1}$】＋

a1」によって提示される）が焦点に入れ替わる。また、お爺さんは「前の前の駅から乗った田舎者である」という情報a2は話し手の知識記憶領域にのみ存在するため、コを用いてもう一度導入しなければならない。

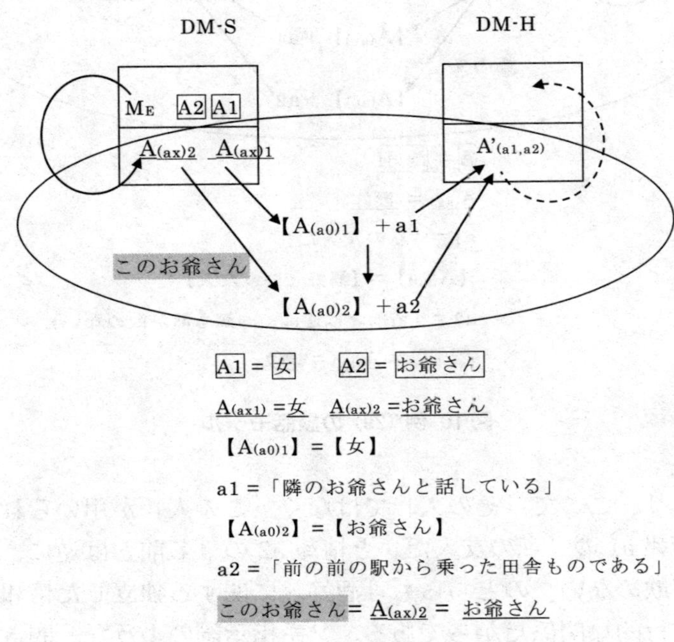


図 11 例（30）の談話モデル

次の（31）でも（30）と同じ解釈ができる。ただし、（31）の場合、ソも排除されない。「その空気」を用いると、「ばいきんがまきちらされた空気」を指す。つまり文脈領域に導入されることによって再構成された指示対象を指示することになる。一方、「この空気」を用いると、話題の焦点を替え、話し手の談話記憶領域から再導入された指示対象を指示することになる。

(31) かぜを引いている人がせきをすると、かぜのばいきんが空気の中にまきちらされます。この空気をすうと、ばいきんがのどの中につきます。 (庵 2007:86)

さて、文脈指示におけるコ系指示詞に関する仮説を、次の例文で検証してみよう。

(32) エリザベス・テーラーがまた結婚した。この /#その女優が結婚するのはこれで七回目だそうだ。 (庵 2007:96)

例 (32) は庵で述べた「言い換えがある場合のコ」である。図11 で示したように、指示対象の$A_{(ax)}$「エリザベス・テーラー」は話し手の談話記憶の中に蓄えられている情報を言語文脈領域に提示し、a1「また結婚した」を同時に導入している。しかし、ここで、指示対象【エリザベス・テーラー】を【女優】に言い換えた後、さらに新情報 a2「結婚するのはこれで七回目だ」を付け加えている。

ここで重要なのは指示対象が言い換えられているのに、なぜ同一指示であることが保証されるのか、という点である。「女優」が「エリザベス・テーラー」と同一物を指すということ理解するには何らかの計算[11]が必要である。つまり、「エリザベス・テーラー」の指示対象は談話記憶の中に蓄えられており、「この女優」が現れた段階で指示対象の「女優」と談話記憶の中にある指示対象「エリザベス・テーラー」が照合されて照応が成立すると考えられる。つまり、その何らかの計算は談話記憶領域において行わ

[11] ここで「何らかの計算」というのは、ある一般知識を参照し、指示対象が同定された場合を指す。例えば、「重量挙げ→競技」「政治資金規制法→法律」「友人→人」「相手→人」のような文脈上の情報だけで同定された場合は、この「言い換え」の範疇に入らない。

れているわけである。

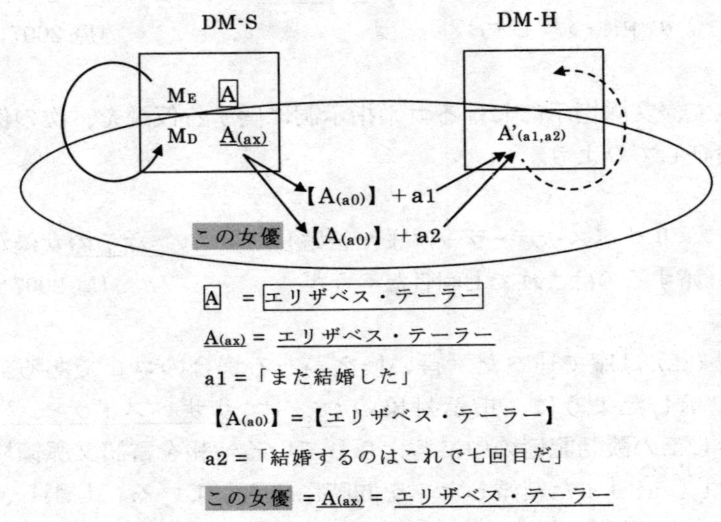


図 12 例 (32) の談話モデル

したがって、この例文によってコ系指示詞の指示対象は話し手の談話記憶領域に存在するということは更に明らかになった。また、言語表現が異なる（言い換えている）のに同一指示であるということから、コ系指示詞は発話内容によって結束性を作り出す機能があるとわかる。ソは形式によって結束性を作り出すのに対して、コは内容によって結束性を作り出すところに特徴があるといえよう。

#### 4.2.2.2 会話文形式のコ

続いて、話し手が交替する会話文を見てみよう。話し手が提示した指示対象を、聞き手もコを用いて指示することができる。

(33) X: …以上で、ファッション・シティ・プロジェクトの概要の説明を終わります。

Y: このプロジェクトは、いつから開始するのかね。

(33')(社長がある重要なプロジェクトに関する重役会議を招集する。全員が集まるとすぐに、議題に入る)

ブラウン君、{この /*その} プロジェクトはいつ始まるのかね？

(Hoji, Kinsui, Takubo and Ueyama 2003: 103)

例 (33) では、話し手は$A_{(ax)}$（ファッション・シティ・プロジェクト）を言語文脈領域に導入する。文脈上には【ファッション・シティ・プロジェクト】という言語表現が存在するが、X の発話では、ファッション・シティ・プロジェクトの説明が終了したことを表しているだけで、それに関する新しい情報値はゼロである。その意味で、X のこの発話の直前までで、$A_{(a1, a2, \cdots ai)}$ ができあがっており、A のこの発話ではその状況は変わっておらず、$A_{(a1, a2, \cdots ai)}$ のままだといえる。

しかし、ここで注意しなければならない点がある。Y は「いつから開始するのかね」と尋ねるということから、X と Y の持っている情報量が等しくはないことがわかる。つまり、X の $A_{(ax)}$ の情報量が Y の $A'_{(a1, a2, \cdots ai)}$ より多いのである。

さて、(33)Y はなぜコを用いたのであろうか。X が Y に提供しようとする情報をすべて提供してしまい、X と Y が $A_{(ax)}$ を共有することになれば、Y はソではなくコを用いる。談話に導入されたばかりの頃の $A_{(a1, a2)}$ 程度ではコが使えずソで指示されるが、ある程度情報がたまって $A_{(a1, a2, \cdots ai)}$ くらいになると談話記憶領域に十分な対応物ができているので、ソも可能ではあるがコで指示することもできるようになると考えられる。

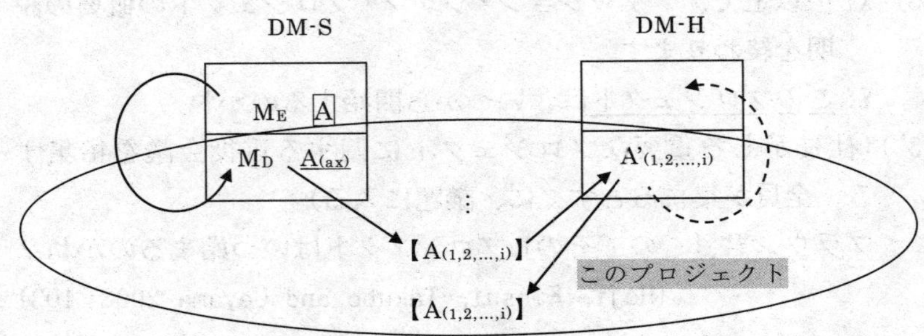


図 13 例 (33) の談話モデル

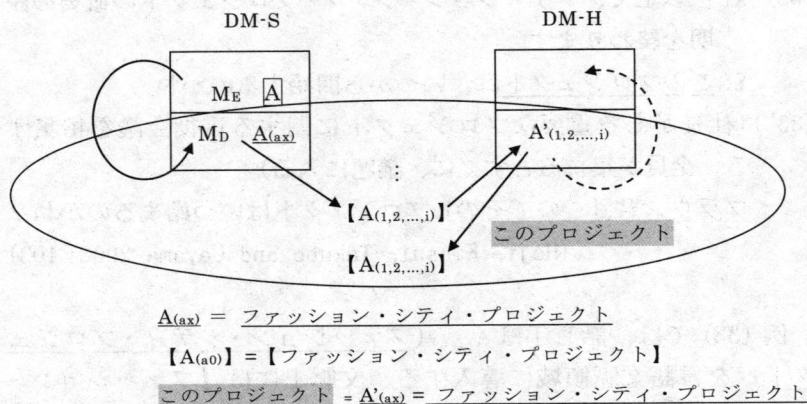

また、コ系で話し手の談話記憶領域 $M_D$ 内にある指示対象を指示するため、高度に発話状況を共有すれば、例 (33') のように、先行詞を省略することができる。その場合、コはすでに文脈内で前提とされている話題 (33') で、言語化されてはいないが、参加者が全員知っているプロジェクトのことを、あらためて $M_D$ から直接導入するために使われている。

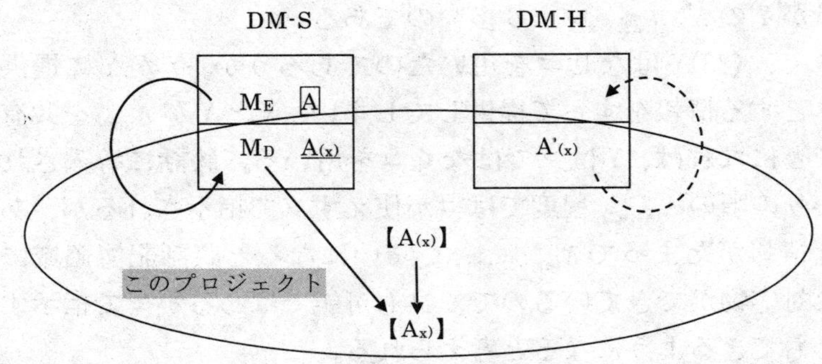


図 14 例 (33') の談話モデル

例（33'）では、発話される前に、聞き手が指示対象Aに関する情報を既に知っている状態である。一方、次の例（34）では、発話の前は、聞き手の指示対象Aに関する情報はゼロである。全く異なる状況であるにも関わらず両方ともコ系で指示できるのは、次のように説明できる。

(34)　A：次の旅行は鳥取から島根を抜けて、帰りは山陽方面を見て帰ろうよ。
　　　B：この旅行はおもしろくなりそうだね。

例（33）と同様に、（34）では、まず指示対象$A_{(ax)}$（旅行）を言語文脈領域に導入する。同時に、「鳥取から島根を抜けて、帰りは山陽方面を見て帰る」という情報が提供され、$A_{(a0)}$（【旅行】）に付け加えられる。しかし、この「鳥取から島根を抜けて、帰りは山陽方面を見て帰る」とは、次回の【旅行】に関するすべての情報axである。したがって、聞き手領域には$A'_{(ax)}$が形成される。これは話し手の談話記憶領域にある$A_{(ax)}$と等価である。このように、ここで用いたコは、文脈によって形成された$A_{(ax)}$（$A_{(a0)}$+ax）を指すのではなく、聞き手が自分の談話記憶領域$M_D$に形成された対応物を指しているのである。

前節ではソが情報そのものを指せることを見たが、コもまた情報そのものを指示対象とすることができる。では両者はどのように使い分けられるのであろうか。

堀口（1990）は、自分に利害があるときにはコ系を、そうでないときには中立的ソ系を用いるといい、次の例を挙げている。

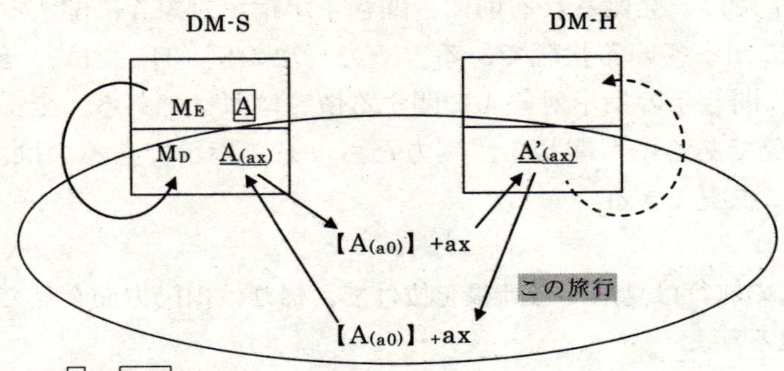


A = 旅行

$\underline{A_{(ax)}}$ = 旅行

ax =「鳥取から島根を抜けて、帰りは山陽方面を見て帰る」

【$A_{(a0)}$】=【旅行】

$A'_{(ax)} = A_{(a0)} + ax$

この旅行 = $\underline{A'_{(ax)}}$

=「鳥取から島根を抜けて、帰りは山陽方面を見て帰る」【旅行】

図 15 例 (34) の談話モデル

(35) A: 財布を落としたんです。

B: *これ/それは困りましたね。

(36) A: 一万円ほど貸してください。

B: これ/*それは困りました。いま持ち合わせがないんです。

(堀口 1990:66)

しかしこれに対して、(37) (38) のような反例が挙げられる。

(37) A: この化粧水をつけると翌日からお肌がすべすべになります。

B: それはうれしい。

(38) 田中さんは肋骨に 3箇所と腰骨にもひびが入っているそうで

す。これはつらいですね。

(37)B は自分のことなのにソを使い、(38) では他人のことなのにコを用いている。(35)—(36) のペアと (37)—(38) のペアはどのように異なるのであろうか。

(35) でも (37) でも、ソは「財布を落とした」「翌日からお肌がすべすべになる」という言語表現（が表す指示対象）を指示している。ゆえに、ソで指示される。一方、(36) のコは「一万円ほど貸す」という依頼の表現を指すのではない。また「B が A に一万円貸す」ということを指しているのでもない。「一万円の貸し借り」という話題が言語文脈領域にあり、ソレによって活性化された談話記憶領域にある情報「B が A に一万円貸すことができないこと」を指しているのである。「貸せない」から困るのである。(38) については、コは「肋骨に 3 箇所と腰骨にもひびが入っている」という言語表現を指示しているのではなく、例えば、自分の経験（自分や友人が骨折したことある）や（医学的）知識、また自分の想像などと結びつけて「つらいでしょう」と発言したと考えられる。つまり、指示対象は言語文脈領域に存在せず、談話記憶領域に存在するわけである。したがって、指示にはコが用いられることになるのである。

しかし、コとソは常に相補分布をするわけではない。コについて同一コンテキストでソ系と入れ換え可能な場合がしばしばある。

(39)　昨日公園で男の人が倒れていた。この /その男の人は頭から血を流していた。

例 (39) では、「その男の人」と言えば、先行文脈に限定された「男」を指示し、「昨日公園で倒れていた男の人」という意味を表す。一方、「この男」と言えば、談話記憶領域にある「男」を談話に再導入したことになり、「昨日公園で男が倒れていた」「頭から血を流していた」という二つの情報が並行して提供される。結局のところ両者にほとんど違いはなく、入れ替え可能に見えるのである。

### 4.2.2.3 まとめ

以上のように、コ系指示詞はソ系指示詞と違い、話し手がDM-S内にいったん導入したものの、話し手の談話記憶領域内にある指示対象$A_{(ax)}$を改めて指すことによって、指示対象$A_{(ax)}$に関する新しい情報を文脈に再導入したことを表す。何回か繰り返すことによって、聞き手領域に指示対象$A_{(ax)}$に関する情報がa0からaxになったとき、聞き手もコを用いてその指示対象を指すことができる。

(40) 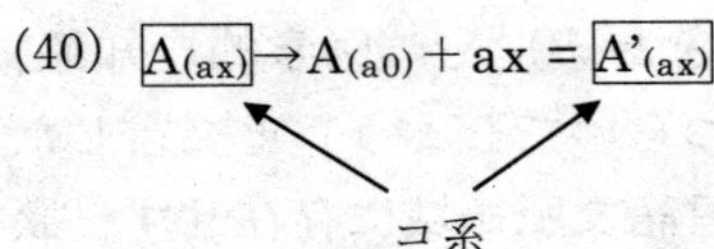


したがって、コ系指示詞は次のように定義される。

(41) コ系指示詞は、言語文脈領域に導入されたか否かにかかわらず、談話記憶領域にある指示対象をさす。また、コ系で指示された指示対象は談話記憶領域に限定される。

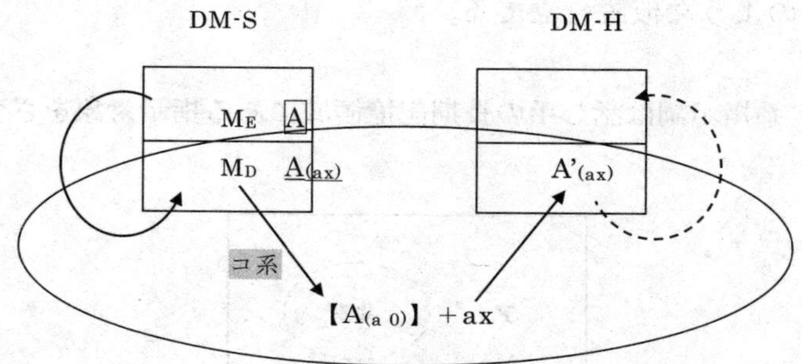


図 16 コ系指示詞の談話モデル

ソ系指示詞の指示対象は先行文脈に限定されるため、カテゴリーの転換はできない。これに対し、コ系列指示詞は話し手の談話記憶領域から情報を再導入しつつ、異なるカテゴリー付けを行うことを可能にする。また、コ系で指示される名詞句は、その存在が前提とされており、対象の同一性を保ちながら、文の結束性が保証される（図 17）。

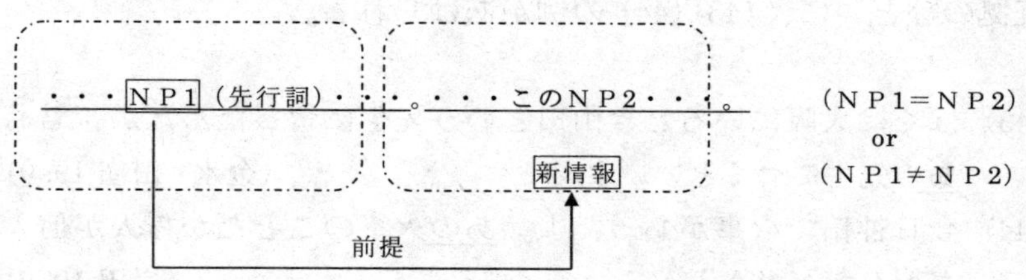


図 17 コ系列指示詞の結束性

### 4.2.3 ア系指示詞の談話モデル

上で述べたように、ア系指示詞に関する先行研究では、「聞き手知識」が必要かどうかをめぐる研究がほとんどであった。本研究では、その「聞き手知識」不要説を支持し、ア系指示詞については次のような仮説を立てる。

(42) ア系指示詞は話し手の長期記憶領域にある指示対象をさす。

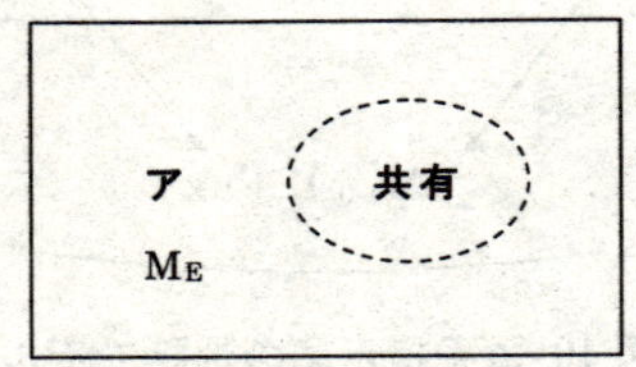


**図 18 ア系指示詞の領域**

以下ではまず、テキスト形式と会話形式に分けてア系指示詞を述べる。最後にア系指示詞の特性をまとめる。

### 4.2.3.1 テキスト形式のア

ア系指示詞に「聞き手知識」は必ずしも必要ではない、という証拠のひとつに、(43) (44) の例があげられる。

(43) ぼくは大阪にいるとき山田という先生に習ったんだが、君も<u>あの</u>先生につくといいよ。 (金水・田窪 1990)

(44) 今日神田で火事があったよ。<u>あの</u>火事のことだから人が何人も死んだと思うよ。 (黒田 1979)

(43) におけるアを説明する前に、アの代わりにコとソが使えないのかから考えよう。まず、話し手は談話記憶領域内にある「<u>山田先生</u>」をメタ言語表現「という」により言語文脈に導入する。この状態で、言語文脈にある情報を踏まえた情報を追加するのであれば、ソ系指示詞を用いることができる。例えば、次のように言語文脈に導入された「山田先生」を基に、さらに「つくといい」という情報を補っていく場合、「その先生」は言語文脈にあり、ソで指示することが可能となる。

(45)　ぼくは大阪にいるとき山田という先生に習ったんだが、その先生につくといいよ。

これに対し、「山田先生」に関する新情報を追加しないのであれば、「この先生」を用いることはできない。例えば、(46) のように、「先生が酒好き」という情報が提供されるのであれば、コが用いられる。「この先生」の指示対象は言語文脈ではなく、談話記憶領域にあるからである。

(46)　ぼくは大阪にいるとき山田という先生に習ったんだが、{*その先生/この先生} は酒好きでね。

それでは、アの指示対象はどこにあるのであろうか。直感的にいえば、話し手は自分の思い出の中に入って、その記憶の中の人物を指しているように感じられる。(44) においても同様に、聞き手に知識があるかどうかに関係なく、自分の思い浮かべている火事を指示しているように思われる。すなわち、アで指示される対象は言語文脈にも、話し手の談話記憶領域にもなく、話者の長期記憶領域にあるとしか考えられないのである。もしこれが正しいとすると、長期記憶領域にない対象はアで指示できないはずである。堀口 (1978) の例はまさにこの予想を裏付ける。

(47)　A: 3年前は東京にいました。
　　　B: あの頃あなたは学生でしたか。(47=2)

(47)B/(2)Bの「あの頃」が不適切なのは、「3年前」は言語文脈にあるため、これを「その頃」と言うことはできても、話者Bの記憶にはないことであるので、「この頃」も「あの頃」も使えないのである。

さて、例文(43)に戻ると、話者の長期記憶領域には、まだ活性化されていない「山田先生」が存在する。このとき、聞き手には、指示対象の同定ができないため、その後、話し手は多くの場合、(48)のようにその先生について語り始めることが聞き手に期待される。

(48) A:ぼくは大阪にいるとき山田という先生に習ったんだが、君もあの先生につくといいよ。
B:そうですか。どんな先生ですか？

例(43)と同様に、(44)もアを用いて自分の長期記憶にある指示対象を指している。聞き手にある「今日神田であった火事」だけでは、どのような火事なのかなど指示対象を同定できない。したがって、聞き手は話し手がその指示対象に対してさらに情報を付け加えることを期待して、発話が続くのを待つのが普通である。

ここで4.1.2.1節で取り上げた、ア系指示詞の「共有知識」必要説を振り返ってみよう。Yoshimoto (1986)によれば、下の例文では、話し手BはAが指示対象を知らないことを知っているにも関わらずアを使っており、聞き手の知識を考慮することなく、ア系が用いられている。

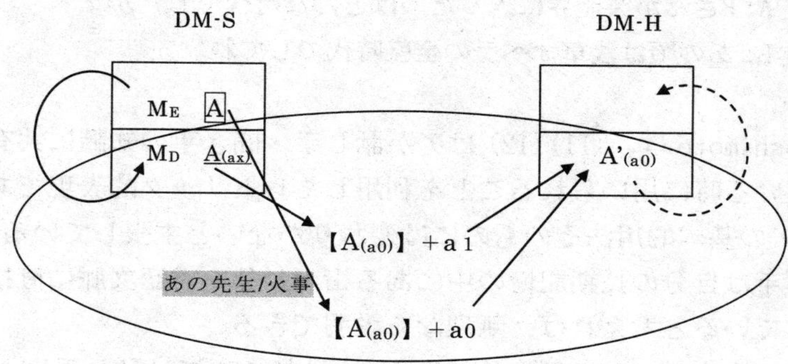


（例 43）　A＝ 山田先生

A(ax)＝山田先生

a 1＝「ぼくは大阪にいるとき山田という先生に習った」

【A(a0)】＝【山田という先生】

あの先生 ＝A＝ 先生

（例 44）　A＝ 火事

A(ax)＝火事

a 1＝ 「神田で火事があった」

【A(a0)】＝【火事】

あの火事 ＝A＝ 火事

**図 19 例（43）（44）の談話モデル**[12]

（11）A: この本、ミラーという人が書いたそうなんですが、どこの人ですか？

B: 君、あの先生を知らないのか？

[12] 例（44）では、「今日（時間）・神田（場所）」を「火事」に関する情報として扱うこともできるが、「人が何人も死んだと思う」と推測できる根拠にならない。したがって、本論では a0 ＝ A に関する情報値はゼロとみなす。例（43）も同様である。

(12) A: Bさんが芸能界に入ったのはどんな時代でしたか？
B: あの頃は浅草オペラの全盛時代でしてね。

Yoshimotoは、(11)(12)はアが話し手・聞き手の知識に共有されている時に用いられることを利用したレトリック的表現であって、アの基本的用法そのものには変わりがないと主張しているが、話し手は自分の長期記憶の中にある指示対象を言語文脈に直接導入していると考えれば、無理なく説明できる。

次に小出(1995)の例を見てみよう。例文(15)では話し手Bは「笹団子」というお菓子は聞き手Aに知識になく、話し手Bの頭の中にしかないと想定している。したがって、ここではアで指示される。これに対して(16)では、Bが言語文脈に詳しい説明を加えているので、聞き手Aの談話記憶中に対応物が形成される。このとき、Aは言語文脈にある対象をソで指示してもよいし、(15)と同じく対象を言語文脈に直接導入してアで指示してもよい。

(15) A: 新潟に行くんですけど、おみやげは何がいいでしょうか。
B: そうだな、笹団子というお菓子があるんだけど、{*それ/あれ}がいいな。

(16) A: 新潟に行きますが、おみやげは何がいいでしょうか。
B: 古町に高島屋があるでしょう。あそこの地下にAという店があるんだけど、そこで笹団子というお菓子を売っているんだ。{それ/あれ}を買ってきてくれないかな。

最後に金水・田窪(1990)が提示した「命令、質問」の例文を見てみよう。「命令・質問」という発話行為は、(43)のような「単なるアドバイス」と違い、聞き手に強い発話媒介行為(perlocutionary act)を要求する。例えば、(9)「その先生につきなさい」、

あるいは (10)「その先生につく気はありませんか」のように発話されたら、次は聞き手の行動と答えが期待されるのである。聞き手は「山田先生」に関する情報を話し手にこれ以上期待できないことになる。指示詞を選択する際に、アを用いて話し手の長期記憶領域にある「山田先生」を指しては、聞き手が指示対象を同定することを拒否することになってしまうため、ソを用いて言語文脈領域に導入された「山田先生」を指すしかない。また、命令と質問以外の情報は文脈上にもないため、コを用いることもできない。

(9)　ぼくは大阪にいるとき山田という先生に習ったんだが、君も{?*あの /その} 先生につきなさい。

(10)　ぼくは大阪にいるとき山田という先生に習ったんだが、君も{?*あの /その} 先生につく気はありませんか。

以上見てきたとおり、ア系指示詞に「聞き手知識」は必要なく、指示対象が話者の長期記憶にあれば十分であることが明らかとなった。

### 4.2.3.2 会話文形式のア

次の例は、ア系指示詞を使用するには、話し手と聞き手に共有知識があることが前提条件となることを示す根拠とされてきた。

(49)　A: 昨日山田さんに初めて会いました。あの人ずいぶん変わった人ですね。

B: ええ、あの人は変人ですよ。

この例文では、引用形式の「という」ではなく、固有名詞の裸の形式「山田さん」で指示対象が言語文脈に提示されている。このことから、話し手が聞き手の領域にも対応物があると想定したことがわかる。聞き手領域にも対応物が存在しているのであれば、話し手は「山田さん」についての情報を活性化して文脈上に持ち出す必要がなくなり、「あの人」で長期記憶にある「山田さん」を指すことができるようになる。一方、言語文脈上に指示対象に関する情報が提供されていないため、聞き手は指示対象を同定するには、自分の記憶領域から探索しなければならない。話し手の想定した通り、聞き手領域に対応物が存在すれば、聞き手も「あの人」を用いて、自分の $M_E$ にある指示対象を指すことができる。ところが、DM-H に対応物がなければ、(49')のようにアは使えなくなってしまう。このとき、聞き手に同定できるよう、話し手 A は指示対象に関する情報を活性化させ、もう一度言語文脈領域に導入しなければならない。

(49')A: 昨日山田さんに初めて会いました。あの人ずいぶん変わった人ですね。

B: えっ、誰ですか、その人？

A: 先週入ってきた新入社員ですよ。

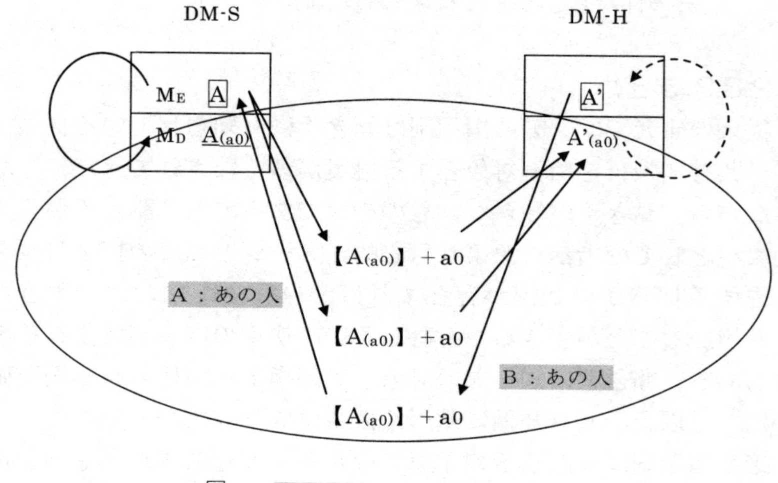


A ＝ 山田さん

a0＝ A に関する情報値はゼロ

【A(a0)】＝【山田さん】

A：あの人 ＝ A ＝ 山田さん

B：あの人 ＝ A' ＝ 山田さん

図 20 例（49）の談話モデル

このように、ア系指示詞が使用される際には、話し手がまず文脈によって、概念的指示対象【$A_{(a0)}$】（この場合は「山田さん」）を提示し、それから長期記憶領域にある指示対象の心的イメージ A をア系指示詞で指す（「あの人」）のが一般的である。しかし、高度な語用論的前提があれば、（50）のような先行文脈がない例も稀に存在する。ここでは文脈はただの引き金であり、指示対象は話し手の長期記憶領域にあることが更に明らかである。

（50） A: あの件はどうなった？

B: あの件なら、うまく行きましたよ。

#### 4.2.3.3 まとめ

従来の研究では、ア系指示詞は聞き手にも知られている、つまり「共有知識」を指示対象とする提案が多くなされてきた。しかしながら、聞き手が知らないものや人であっても、話し手が言語的表現としての指示対象よりも心的イメージとしての指示対象を優先する何らかの状況が存在すれば、(43)(44) におけるようにアを用いることができるし、むしろアの使用のほうが好まれる場合もある。聞き手の知らない対象にア系指示詞が使われる例が確かにある以上、共有知識に基づく仮説は成り立たない。

ア系指示詞は、話し手の記憶の中から呼び起こされたものを指示対象とするのであるから、会話においては、原則として聞き手も同じ指示対象を自分の記憶の中から見つけることができなければ、コミュニケーションは成立しえない。そこから、「話し手と聞き手が共にその指示対象をよく知っている、共通の経験を持っている」といった状況が必然的に多くなるというだけである。したがって、文脈指示用法におけるア系指示詞を次のように定義することができる。

(51) ア系指示詞は、長期記憶領域にある指示対象をさす。また逆に、ア系で指示された指示対象は長期記憶領域にあるものに限定される。

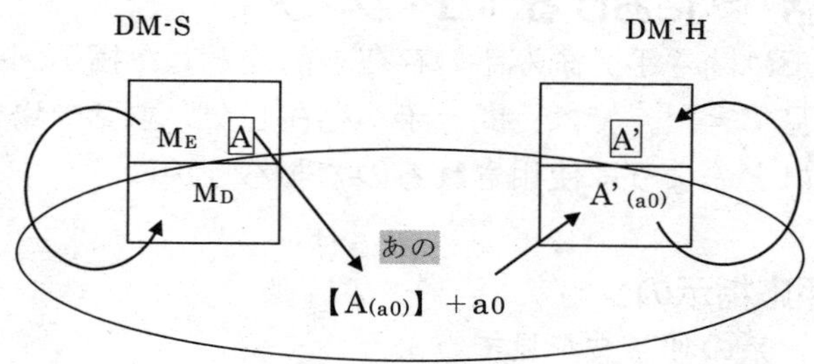


図 21 ア系指示詞の談話モデル

また、次節で述べるように、聞き手がいない独話のような状況では、自分の記憶の中のものを指すときにはアを用いるという点も、この仮説の根拠となろう。

最後に結束性に関しては、コ系列指示詞の指示対象が談話記憶領域から持ち出され、その上に新情報を加えるのに対し、ア系は、指示対象を長期記憶領域から呼び起こし、それについて情報を述べるという違いがある。

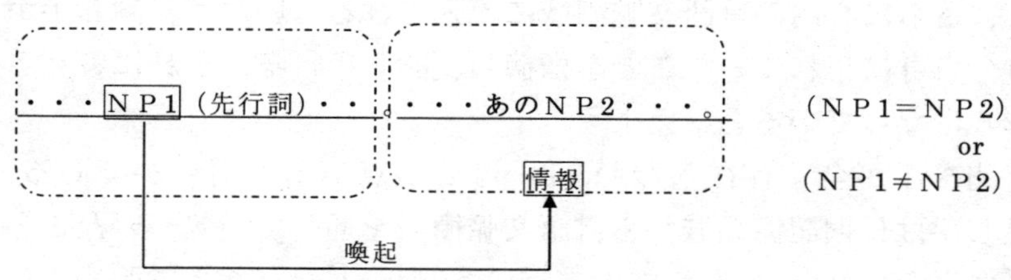


図 22 ア系列指示詞の結束性

## 4.3 独話[13]における「コ・ソ・ア」

これまでは聞き手／読み手の存在を前提とした指示詞の文脈指示用法を見てきた。では、聞き手が存在しない独話の場合、「コ・ソ・ア」はどのように使用されるのであろうか。

### 4.3.1 照応指示のソ

まず、ソ系の独話文を見てみよう。

(52) そうか。別の手がありましたね。 (定延 2002:91)
(53)【家から学校に行く途中、独り言】そうだ！しまった！

この (52) の「ソウ」は定延（2002）では「気づきの『そう』」とされる用法であり、「気づきは、心内の文脈に関する何らかの了解といえる。そう考えれば、気づきの『そう』も照応詞の『そう』とつながっているとみなせる」と指摘する。

これを我々のモデルで言い換えると、まず長期記憶の中にある対象が何らかのきっかけで活性化されて談話記憶領域に持ち出され、さらに心内の言語文脈領域に導入される。いわば、話し手が自分自身に忘れていたことを指摘し、話し手自身がそれに答える形式になっているといえよう。

聞き手が全く存在しない (53) はこの点がより明らかである。話し手は長期記憶領域から言語文脈領域を通して、気づいたこと（「弁当を忘れた」）を心内の文脈に登録し、「そうだ」で改めてその気づいたことを指す。もちろん、次の（53'）のように、【弁当を忘れた】は言語化することもできる。図示すれば、次の図 23 のようになる。

[13] ここに独話とは必ずしも声を出して言う独り言とは限らず、言葉を使って考える内言も含めていうことも指す。

(52')そうか。

(53')【家から学校に行く途中、独り言】そうだ！しまった！弁当を忘れた！

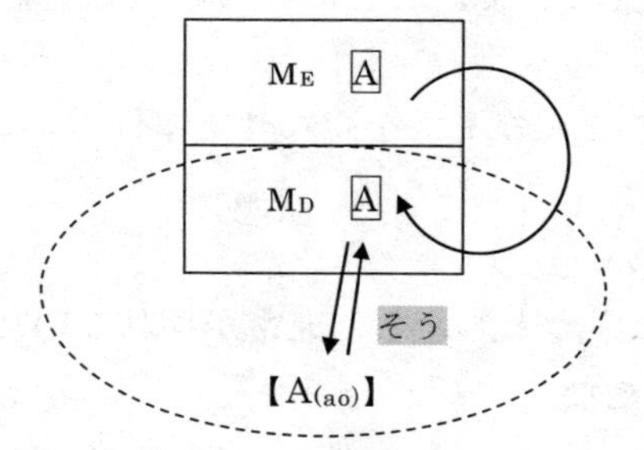


図23 例(52)(53)の談話モデル

このように考えることにより、「気づきのソ」はあっても、「気づきのコ」ないし「気づきのア」はないことが説明できる。アもコも言語文脈領域の対象を指せないからである。

(54)　a. そうか、そうだった。
　　　b. *こうか、こうだった。
　　　c. *ああか、ああだった。

(55)　{そうだ/*こうだ/*ああだ}、しまった！

### 4.3.2 観念指示のコ

コ系を用いる独話は、ソ系の場合と違い、図21で示したように、外界（発話状況）から五感によって何らかの情報（A）が談話記憶領域に流れ込んでいる。このとき、話し手は自分の談話記憶領域に形成された対応物を言語文脈に直接導入することになる。例えば、(56) では、コで指しているのは「母親が育児放棄で、二人の子供を死なせた」こと、また (57) では、「充電が切れて電話がかけられない」ことを指している。いずれの指示対象も、長期記憶にも言語文脈にもないことに注目されたい。

(56)【育児放棄で二人の子供を死なせた事件のニュースをテレビで観て】

これはひどい。

(57)【電話をかけようとしたら、充電が切れていた】

これは困ったな。

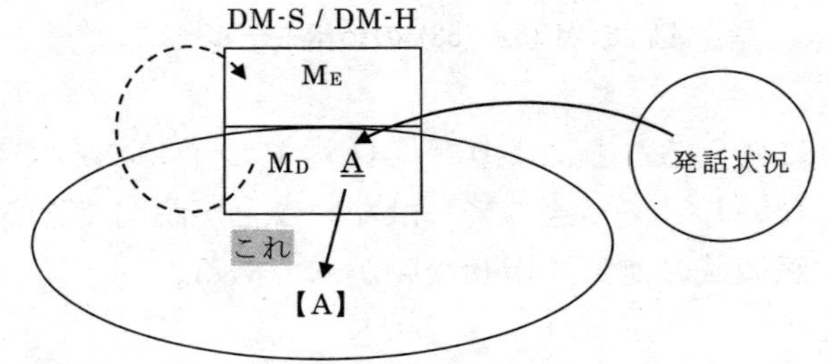


(例 56) A ＝「母親が育児放棄で、二人の子供を死なせたこと」

(例 57) A ＝「充電が切れて電話がかけられないこと」

**図 24 例 (56) (57) の談話モデル**

談話記憶領域に形成された対応物が言語文脈に直接導入されているとすると、(56) (57) の「これ」を「それ」や「あれ」で置き換えることはできないことが予想されるが、事実、そのような置き換えが不可能であることから、上記の仮説の正しさが立証される。

### 4.3.3 観念指示のア

ア系は話し手の長期記憶領域にある指示対象を指すため、(58)(59) のような独話の場合、ソ系指示詞のような心内的言語文脈がない場合、またコ系のように発話状況を参照できない場合に使用できる。なお、下の例文で「この頃 / その頃」「この人 / その人」では置き換えられないことは予測通りである。

(58)【学生時代を思い出しながら】あの頃は、楽しかったなあ。
(59)【昼間、自分に挨拶してきた人が誰だったか思い出せず、夜、帰宅してから】
あの人は誰だったんだろう。

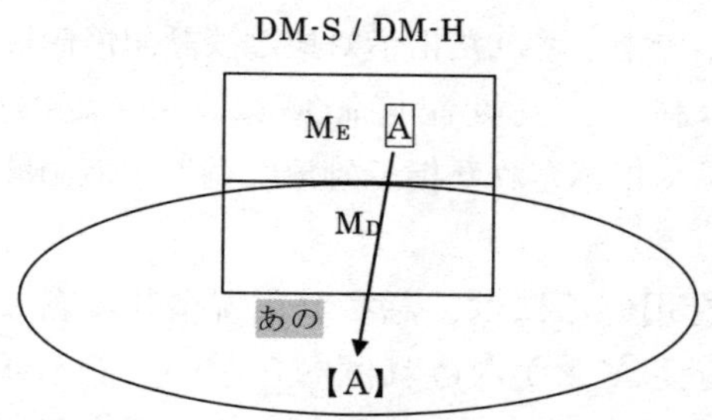


図 25 例 (58) (59) の談話モデル

以上のように、指示対象の領域に関しては、聞き手が想定されていない独話においても、聞き手が想定されるテキスト文と会話文と同様な結論が得られた。

ソ系：言語文脈領域にある再構成された指示対象【$A_{(ai)}$】をさす。
コ系：談話記憶領域にある指示対象$\underline{A}$ をさす。
ア系：長期記憶領域にある指示対象 A をさす。

したがって、指示対象がどの領域に登録されるかによって、文脈指示用法における「コ・ソ・ア」の下位分類として、照応指示（ソ）と観念指示（コ・ア）に分けることができる。

## 4.4 本章のまとめ

本章では、文脈指示におけるコ・ソ・アの用法が以下の通りであることを示した。

(27) ソ系指示詞は、言語文脈領域に導入されることによって再構成された指示対象【$A_{(ai)}$】をさす。また、ソ系で指示された指示対象は文脈上に限定される。

(41) コ系指示詞は、談話記憶領域にある指示対象$\underline{A}$をさす。
また、コ系で指示された指示対象は談話記憶領域に限定される。

(51) ア系指示詞は、長期記憶領域にある指示対象 Aをさす。
また、ア系で指示された指示対象は長期記憶領域に限定される。

ソ系指示詞を用いるには、話者はまず情報の含まれた指示対象を文脈上に提示しておかなければならない。話し手が情報をある程度文脈上に出しているため、聞き手はソ系指示詞の指示対象を同定しやすい。したがって、命令・依頼・勧誘した内容に関連した指示対象を指示する場合はソが使われる。

コ系は指示対象がすでに言語文脈にあったとしても、同じ指示対象を改めて言語文脈に導入しつつ、それに関する別の情報を並列的に持ち出す。したがって、一つの話題に関する様々な情報が次々に提示されることになり、庵（2007）のいう「トピックとの関連性」という副次的効果が生み出される。また、改めて同じ指示対象が言語文脈に導入されていることを表すマーカーであるため、言い換えによって、先行詞とは違う言語表現が用いられたとしても、同一指示であることが分かる。

ア系は直接に記憶にある指示対象を指示する。それに関する情報は文脈上に少なく、あるいは提供されない場合もあるため、聞き手が共有知識を持っていない限り、同定しにくい。しかし例えば、独話や話し手の強い思い入れがある場合などであれば、問題はない。

以下、指示詞と文脈との関係を再掲する。

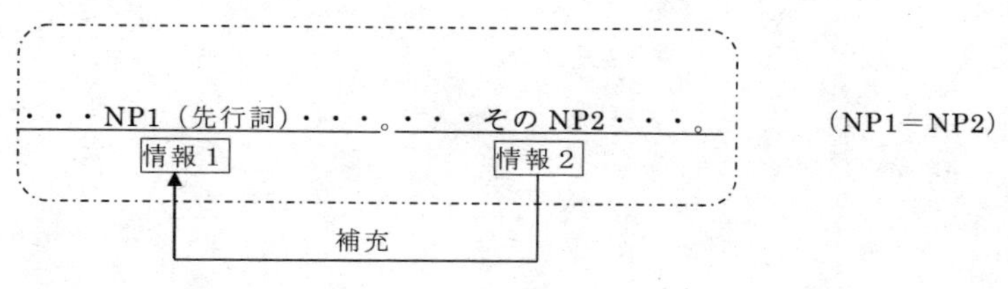


図 9 ソ系指示詞の結束性

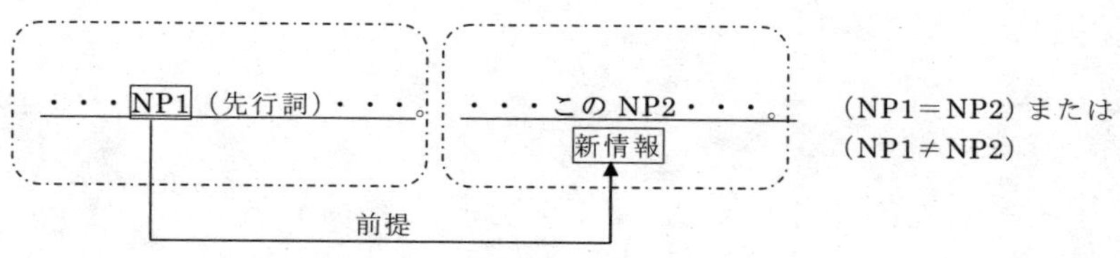


図 17 コ系列指示詞の結束性

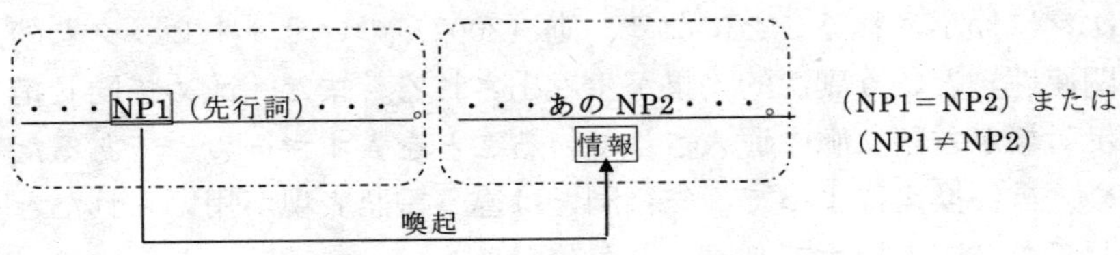


図22 ア系列指示詞の結束性

# 第５章　現場指示と文脈指示の統一的分析

指示詞の研究は従来、現場指示と文脈指示が独立に分析されてきた。しかしながら、現場指示と文脈指示を統一的に扱うことができれば、理論的にはその方が望ましいであろう。

本章では、これまで見てきた指示詞の現場指示用法と文脈指示用法の分析の統合を試みる。まず 5.1 節で問題提起をした後、5.2 節では現場指示と文脈指示の談話モデルを提示する。最後に 5.3 節ではその両用法を統一的に分析した後、5.4 節で本章の内容をまとめる。

## 5.1 問題提起

従来の研究には指示詞の規定に大きな相違が見られる。少なくともコ・ソ系に関しては、現場指示と文脈指示の両方において「話し手の領域/話し手から近い」「話し手の領域外/話し手から遠い」という基本的な規定が多くの研究者に受け入れられているが、ソ系については、その意味・機能の規定に「聞き手」を含めるか否かで見解が一致していない。

本研究では、金水・田窪（1992）でも指摘されているような次の三つの問題点を解決し、コ・ソ・ア全体の現場指示用法と文脈指示用法を統一的に扱う一般化を試みる。

ⅰ. 現場指示におけるソ系列の位置づけ。
　　ことに、人称区分と距離区分の統一的説明。
ⅱ. 文脈指示における各系列の位置づけ。

ことに聞き手の知識との関連において。

iii. 現場指示と文脈指示の統一的説明。

## 5.2 談話モデル

東郷（2000）による談話モデルを拡張した我々の理論では、話し手と聞き手の両方の側に、談話の進行に応じて心的領域が構築される。談話モデルには、導入された指示対象が登録され探索される領域として、「知識領域」「発話状況領域」「言語文脈領域」の三つがある。本研究では、話し手の持つ知識を次のように分類する。

長期記憶（long-term memory）：百科辞典的知識や話し手が実際に経験したエピソード的な記憶が納められる場所（これら要素の一部が発話内容・現場の状況に応じて活性化され参照される）

談話記憶（discourse memory）：談話上、必要とされる一般知識が一時的に蓄えられる場所（これら要素の一部が時間の経過につれ長期記憶に格納される場合がある）

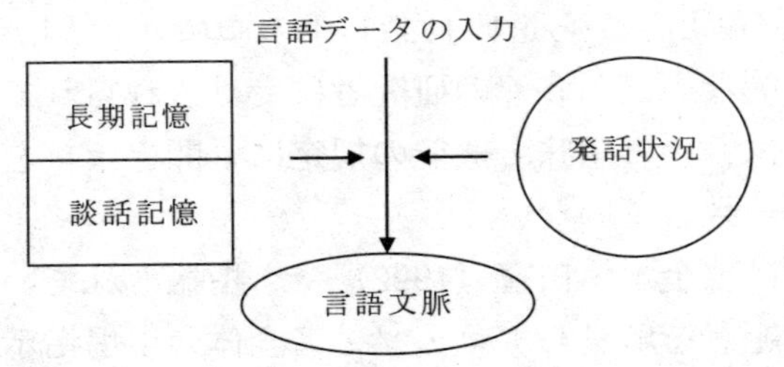


図1 本研究における談話モデル

### 5.2.1 現場指示用法

第3章では、発話状況領域を更に「個人領域」と「会話領域」

を設定したことで、日本語指示詞の現場指示用法を次のようにまとめることができた。

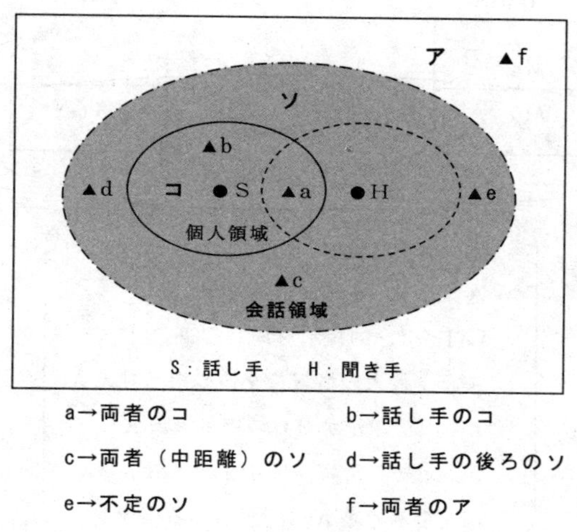


図２　発話現場の分割

(1) コ：話し手(S) の個人領域内にある事物を指す。
　ソ：話し手(S) と聞き手(H) を含む会話領域内にある事物を指す。
　ア：会話領域内から、領域外にある事物を指す。

### 5.2.2 文脈指示用法

第４章では、話し手の知識領域を長期記憶領域と談話記憶領域の二つに分けて、日本語指示詞の文脈指示用法を次のようにまとめることができた。

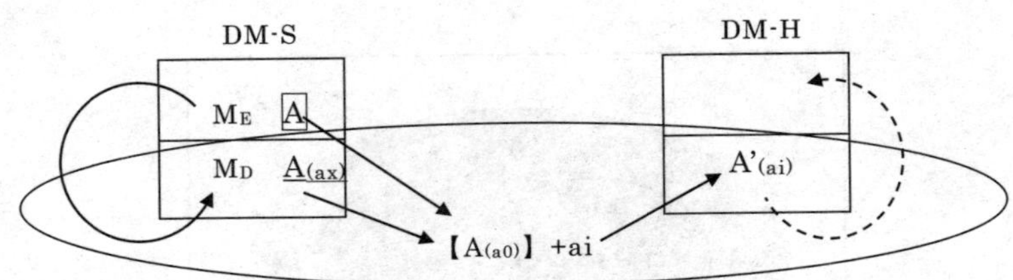


A：指示対象の心的イメージ

A：活性化された指示対象

【A】：概念的指示対象（言語表現）

$A_{(ax)}$：最大の情報量を持つ指示対象 A

$A_{(a0)}$：情報量がゼロの指示対象 A

$A_{(ai)}$：ある情報が付与された指示対象 A

ai：指示対象 A に関するある情報

**図 3 談話モデルにおける文脈指示用法**

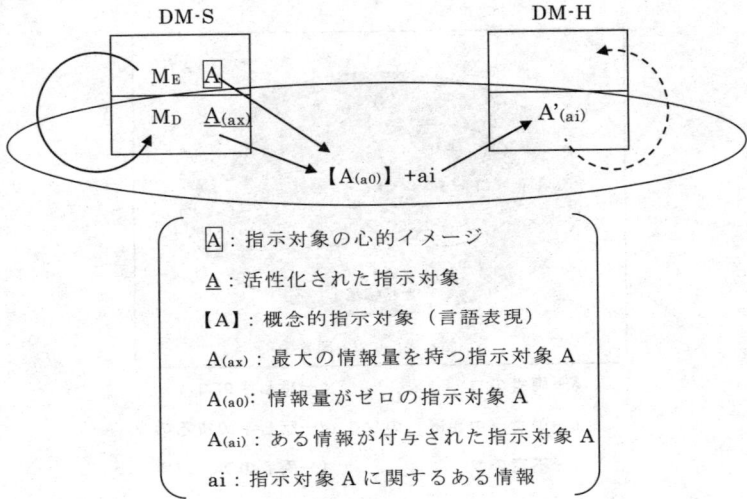

(2) a. コ系指示詞は、談話記憶領域にある指示対象A をさす。また、コ系で指示された指示対象は談話記憶領域に限定される。

b. ソ系指示詞は、言語文脈領域に導入されることによって再構成された指示対象【$A_{(ai)}$】をさす。また、ソ系で指示された指示対象は文脈上に限定される。

c. ア系指示詞は、長期記憶領域にある指示対象A をさす。また、ア系で指示された指示対象は長期記憶領域に限定される。

## 5.3 両用法の統一的分析

### 5.3.1 コ系指示詞

現場指示では、コ系指示詞は「話し手の個人領域内の事物」を指示する。話し手 / 聞き手から距離の近い対象物にはコが用いられるが、ここでいう距離とは、認知主体（話し手）による認知的判断によるものである。一般的に、例 (3) のように、近か遠かは物理的距離によって判断される。また、例 (4) のように、指示対象は他のものより離れて目立ち、近とみなしやすくなる場合もある。

(3)【隣にあるカバンを指して】
　これは忘れ物ですか。

(4)【窓際に立って遠くにある山を眺めながら】
　いつかこの山に登ってみたいなあ。

ただし、話し手の個人領域の設定は認知的判断によって行うため、物理的距離だけではなく、コントロール・直接接触、操作可能性、所有関係など要因にも影響されることを第 3 章で検討した。なお、話し手の個人領域は会話領域に含まれるが、この場合は話し手の個人領域であることが優先され、コが選ばれる。

一方、文脈指示では、コ系指示詞は「話し手の談話記憶領域内の指示対象」を指示する。この「談話記憶領域」とは、談話上、必要とされる一般知識が一時的に蓄えられる場所である。発話する前に、話し手は知識を活性化し、談話記憶領域に準備しておく。つまり、「談話記憶領域」は話し手の「個人領域」である。この「談話記憶領域」は発話内容に依存しているため、「言語文脈領域」の中に含まれると考えられる。また、現場指示のコと同様、「談話記憶領域」の対象を指示するときには、話し手の個人領域であることが優先され、コが選ばれる。ただし、指示対象が「談話記憶領域」と「言語文脈領域」のどちらであっても解釈上、大差ないことも多い。その場合、あたかもコとソが交替できるように見える場合がある。この点は第4章の例文 (31) (39) で述べたとおりである。ここでは類例を挙げておく。

(5) 鯛は鱗と内臓を取り、水洗いします。さらに{これ /それ} を三枚におろしておきます。

(6) 診断の結果、しのぶの病気は癌であり、残された命は数年とわかった。しかし{この /その} ことは、しのぶ本人には知らされなかった。

(『指示詞　セルフ・マスターシリーズ 4』より)

以上、現場指示においても文脈指示においてもコは話し手の「個人領域」にある対象を指示することを見た。

### 5.3.2 ア系指示詞

次に、ア系指示詞を見てみよう。

現場指示では、アは「会話領域外」にある事物を指示する。話し手と聞き手が対立せず、同じ視点を共有しているような場面では、独り言と同様に、コかアが使われ、ソは出現しない。例文 (7) (8) のように、話し手 / 聞き手から主観的に距離の遠いものにはアが用いられる。この時、話し手や聞き手の個人領域は意味を持たない。話し手と聞き手は同じ会話領域内から領域外の事物を見ればよいのである。

(7)【隣の人に 10メートル先にあるカバンを指して】
{*これ /あれ} は誰かの忘れ物ですか。

(8)【窓際に立って遠くにある山を眺めながら】
いつか{この /あの} 山に登ってみたいなあ。

一方、文脈指示では、ア系指示詞は長期記憶にもとづいて同定されている。ここでの長期記憶領域とは、百科辞典的知識や話し手が実際に経験したエピソード的な記憶が納められる場所である。談話記憶領域と異なり、話し手はその中の知識を編集したり、加工したりすることができない。つまり、言語文脈領域から独立しているわけである。

したがって、現場指示においても文脈指示においてもアは「会話領域外」にある対象を指示することになる。

### 5.3.3 ソ系指示詞

さて、ソ系指示詞はどうであろうか。

指示詞の選択に際し、コとアのように認知的な自由度が無い場合がある。それは現場指示のソ系が登場する場合である。

上で見たように、コ系とア系は、同じ状況で認知的判断の違いによって使い分けられる。しかし、例 (9) では、聞き手が話し手と対立することによって、ア系が使えなくなり、ソ系で指さなければならない。

(9)【二階のベランダから眼下の自分の車庫の近くに無断駐車されている車をみて]
「あの車、誰のだろう。あんな所に止めて、全く迷惑千万だ」
と思っていたところへ、どこからともなく車の持ち主らしい者が現れ、車のドアに手をかける。
「その車お宅のですか。そんな所に止められては迷惑ですよ。」
（新里 1998）

上でも述べたように、個人領域は話者が主観的に決定する領域であり、多くの先行研究で指摘されているとおり、(9) のように単純に距離では決まらないし、(10) の操作可能性や、(11) の所有関係なども配慮して個人領域を設定している。

(10) 母: ちょっと背中をかいてくれる？
子: どこがかゆいの？ここ？
母: そう、{*ここ /そこ}。 (井上 2002:20; 一部改変)

(11)【話し手から 2メートルくらい離れたところで、話し手の妻が、自分たちのこどもを抱いているとする。その妻に夫が話しかける。】
{この /??その} 子、おまえとよく似ているね。
(金水・田窪 1990を一部改変)

しかし、次のように「聞き手のソ」で説明できない例文もある。

(12) 乗　客: そこの煉瓦色の建物の前で止めてくれ。
運転手: そこの大きな建物ですね？

(13)「おでかけですか」
「ええ、ちょっとそこまで」 (金水・田窪 1990)

(14) 最近のアイドルの歌手はそのへんにいる女の子と変わらない。
(同上)

これらのソは、いずれも近くもなく遠くもない場所を指し示している。つまり、ソ系指示詞には現場において遠近の中間距離の領域を指し示す、いわゆる「中称のソ」である。

ここで、例 (9) (10) (11) の「聞き手領域のソ」と例 (12) (13) (14) の「話し手領域にもない、聞き手の領域にもないソ」の関係を、裏返して見れば、「会話領域内」にあるものはすべてソで指すことになる。

さて、現場指示用法と文脈指示用法は、どのように関連しているのであろうか。(2) でわかるように、指示対象の同定が談話記憶にもとづいて行われる場合、コ系とソ系が使われる。一方、指示対象の同定が長期記憶にもとづいて行われる場合、ア系で指示される。また、話し手の談話記憶領域にある指示対象を直接指示するときはコ系で、間接的に指示する（言語文脈領域に導入してから指示する）ときはソ系が用いられる。

我々の談話モデルでは、コ系は話し手のみの情報を指示するため、指示対象は「話し手の領域内」にあると記述できる。またソ系指示詞も「中称のソ」(15)A と「聞き手のソ」(15)B の二つを、図 4 のように統一的に説明することができる。

(15)　A:大学の北門を出た所に進々堂という喫茶店がありますから、
　　　　そこで待っていてください。
　　　B:そこは何時まであいていますか。　　　（東郷 2000; 一部変更）

ここでは、話し手は指示対象 A（進々堂という喫茶店）を言語文脈領域に導入し、DM-H に対応物が形成されていたとき、つまり話し手と聞き手の両方が、A と A’ の指示対象が同一であると見なした場合、その場合に限り、「ソ」が使われる。例 (15)A の場合、話し手が「そこで待ってください」と言ったとき、「ソコ」は DM-S と DM-H に同一指示対象を持つ場所（「大学の北門を出た所にある進々堂という喫茶店」）が談話上に存在することを表している。ここでの「ソ」は【$A_{(a1)}$】を指している。一方、例 (15)B の場合、聞き手もソを用いて同じ指示対象を指している。注意すべきなのは、(15)B における聞き手の発話内の「ソ」は、情報量は【$A_{(a1)}$】と変わらないが【$A_{(a2)}$】を指している点である。

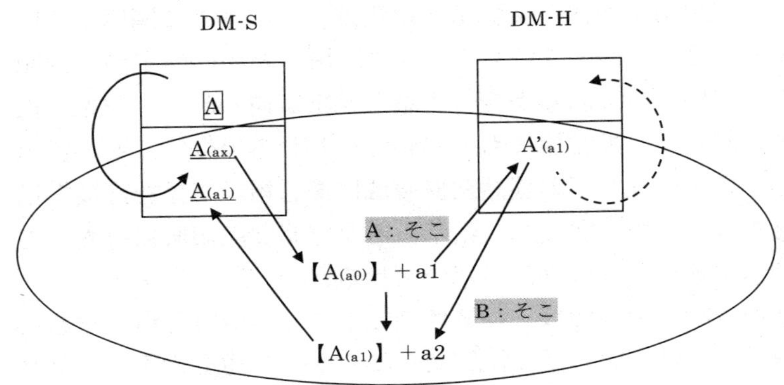


A ＝ 進々堂という喫茶店

$A_{(ax)}$ ＝進々堂という喫茶店

a1 ＝「大学の北門を出た所にある」

【$A_{(a0)}$】＝【進々堂という喫茶店】

A:そこ　＝ $A_{(a0)}$ ＋ a1＝ $A_{(a1)}$/ $A'_{(a1)}$

＝「大学の北門を出た所にある」【進々堂という喫茶店】

a2 ＝情報値はゼロ

【$A_{(a1)}$】＝【「大学の北門を出た所にある」進々堂という喫茶店】

B:そこ　＝ $A_{(a1)}$ ＋ a2 ＝ $A_{(a1,a2)}$ / $A'_{(a1,a2)}$

＝【「大学の北門を出た所にある」進々堂という喫茶店】

**図 4 例 (15) の談話モデル**

上図を見る限り、ソは一見「話し手領域のソ【$A_{(a1)}$】」と「聞き手領域のソ【$A_{(a2)}$】」に分かれているようだが、実際にはいずれもソの指示対象は言語文脈領域にある。したがって、認知主体である話し手には、コが「話し手の領域内」のものを指すと言えるのなら、ソは「言語文脈領域内」のものを指すと言えよう。

以上の分析は表1のようにまとめることができる。

表1 日本語指示詞の両用法における指示領域

| | 現場指示 | 文脈指示 |
|---|---|---|
| コ系 | 話し手領域内 | 話し手の談話記憶領域内 |
| ソ系 | 話し手領域外かつ会話領域内 | 話し手の談話記憶領域外かつ言語文脈領域内 |
| ア系 | 会話領域外 | 言語文脈領域外（話し手の長期記憶領域内） |

## 5.4 まとめ

金水・田窪（1990）が言うように、指示詞の言語的意味とは世界そのものの分類ではなく、話し手にとっての「内部表現」、言語と世界をつなぐ認知インターフェイスに関わる操作指令である。本研究では、人称区分の原理から出発し、指示詞の選択は話し手による認知的判断の違いによるものと考え、指示詞の現場指示用法と文脈指示用法の統一的に一般化（表2）することができた。また、現場指示と文脈指示のコ・ソ・アは図5のように表示できる。次章から、同じモデルが中国語と韓国語の指示体系にも応用できるかどうかを分析する。

表2 コ・ソ・アの指示領域

| コ | 話し手領域内 |
|---|---|
| ソ | 話し手領域外かつ会話 / 言語文脈領域内 |
| ア | 会話領域外 / 言語文脈領域外 |

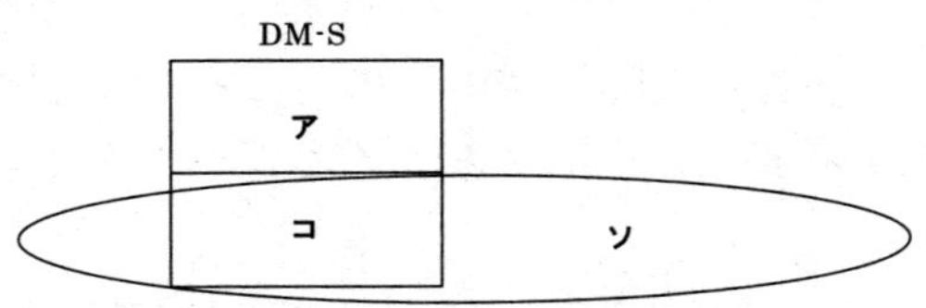


図5 コ・ソ・アの指示領域

# 第 2 部

# 指示詞の対照研究

# 第 6 章 日中指示詞の対照研究

本章では、中国語指示詞について日本語指示詞と比較しながら考察を行う。まずこれまでの日中両言語の対照研究を確認した後、現場指示用法と文脈指示用法に分けてそれぞれについて考察を行い、本研究での仮説を提案する。最後に日中指示詞の共通点と相違点をまとめる。

## 6.1 はじめに

中国語の指示詞は、一般に人称代名詞、疑問代名詞とともに代名詞の下位分類に位置づけられるが、日本語と同様に、他の形態素と組み合わせて形容詞的あるいは副詞的な機能も果たす。表 1 では、タイプ別に日中両言語の指示詞の語形一覧を挙げる。

表 1 日中両言語の指示詞の形態的分類（呉人・芦・加藤 2005 より、一部改変）

| | 日本語 | 中国語 |
|---|---|---|
| もの | これ / それ / あれ（代名詞） | 这 / 那，这个 / 那个（代名詞） |
| 場所 | ここ / そこ / あそこ（代名詞） | 这里 / 那里，这儿 / 那儿，<br>这边儿 / 那边儿（代名詞） |
| 方向 | こちら / そちら / あちら（代名詞）<br>こっち / そっち / あっち（代名詞） | 这边儿 / 那边儿（代名詞） |
| 人 | こいつ / そいつ / あいつ（代名詞） | 这 / 那，这家伙 / 那家伙（代名詞） |
| 性状 | こんな / そんな / あんな（形容動詞的）<br>こんなに / そんなに / あんなに（副詞的） | 这么 / 那么（副詞的）<br>这种 / 那种（形容詞的） |
| 様子 | こう / そう / ああ（副詞的）<br>こういう / そういう / ああいう（形容詞的） | 这么 / 那么，这么着 / 那么着，这样 / 那样，这么样 / 那么样（副詞的） |

續　表

| | 日本語 | 中国語 |
|---|---|---|
| 指定 | この~/その~/あの~（連体詞）<br>このような~/そのような~/あのような~（形容詞的）<br>このように~/そのように~/あのように~（副詞的） | 这～/那～（連体詞）<br>像这样的～/像那样的～（形容的）<br>这样～/那样～（副詞的） |

表１で示したように、日本語の指示詞は近称コ・中称ソ・遠称アの三項対立を、中国語の指示詞は近称“这（zhe）”·遠称“那（na）”の二項対立を示す。また日本語と同様に、中国語の指示詞は発話の場面や話題における人や事物、事柄などの対象を指し示すなど、現場指示用法と文脈指示用法を持つ。

しかしながら日本語の指示詞の研究はかなり進んでいるのに対し、中国語の指示表現に関しては、体系的また理論的な研究がほとんど見当たらないのが現状である。本研究では、日中両言語を対照することにより、談話モデル理論を検証しながら、日中指示詞の共通点と相違点を探っていく。

## 6.2 現場指示用法

本節では中国語の現場指示にどのような問題があるかを、先行研究の検討を通してみていく。6.2.1節では先行研究の問題点を指摘し、6.2.2節で、我々の基本的仮説を提示する。最後に6.2.3節で中国語指示詞の決定要因を検討する。

### 6.2.1 先行研究とその問題点

中国語の“这”と“那”の使い分けは、基本的に指示物が話し手から近いか、遠いかで選択される（Zhang 1991）。この遠近距離説を物理的な距離のみならず、心理的距離にも拡張した形で、中国語の指示詞の使い分けを試みた日中対照研究には梁（1986）、中（1989，1990）などがある。しかし、従来の研究と大きく異なる研究として、話し手要因のほかに、聞き手要因も中国語指示詞の使い分けに影響するという主張も見られる。ここではそのような先行研究のうち、主なものを取り上げる。

**讃井（1988）**

讃井（1988）は日本語の指示詞の分類を参考に、「中国語の通常の対話距離における対話では、話し手と聞き手は一般にたやすく共通の領域を形成する」と述べ、「共通談話領域」という概念を用いて、現場指示用法における"这""那"の使い分けを説明している。それによると、指示対象は「話し手領域＝共通談話領域」にあると看做される場合は"这"が、そうでない場合は"那"が用いられる。

通常の会話において、話し手と聞き手が離れていることはないから、話し手や聞き手の個人領域は「共通談話領域の中に融合してなくなってしまう」のが普通である。すなわち、話し手と聞き手は共通の領域に属し、どちらの近くにあるものも"这"で指示されるのが無標となる。讃井によれば、次の例で「マーキュロの小瓶」が甲の手にあっても乙の手にあっても、あるいは両者の中間にあっても、"这"が用いられるという。

(1) 甲：这是什么？　(これは何かね？)
　　乙：［这是］红药水。　(それは赤チンです。)

(讃井 1988：6-7)

これに対して、話し手と聞き手が離れていたり、指示対象が見えなかったりすれば、心理的に著しく狭められた話し手の個人領域が現れ、共通談話領域が形成できなくなる。このとき、話し手の個人領域外の指示対象は"那"で指示される。たとえば (2)

では甲はいすを組み立てている最中で手を離せないため、カナヅチは話し手の個人領域の外となる。また（3）では指示対象の凧は乙の背後にあり、乙の目には見えていない。したがって指示対象は共通談話領域の外にあると甲は判断し、“那”を用いる。しかし、乙が振り向いてみたときには凧は乙の目の前にあることになり、その凧は乙の個人領域にあると判断され、乙は“这”を用いて答えることになる。いずれにせよ、個人領域が問題となるのは特殊な場合である。

(2)（甲と乙はそれほど離れてはいない。乙のすぐ手前にカナヅチがころがっている。甲はいすを組み立てながら、乙にカナヅチをとってくれるように頼む。）

甲：把那个钉锤儿递给我！　（そのカナヅチをとってくれ！）

(3)（甲と乙は少し離れて向かい合っている。乙の背面の壁に中国の凧が掛けてある。甲が壁の凧をさして乙に尋ねる。乙は後ろを振り向いて凧を見ながら答える。）

甲：那是什么？　（それ、何ですか？）

乙：啊、这是中国的风筝。　（ああ、これは中国の凧ですよ。）

（讃井 1988：6–7）

非常に興味深い分析であるが、木村（1992）は、「この考えに沿うならば、例えば、（4）は『話し手の個人領域』にあるものとして“这”を用い、（5）は話し手の個人領域にも聞き手の個人領域にも存在しない『共通談話領域』の中にあるものとして“这”を用いていると理解されるが、そのように考えなければならない積極的な根拠は、経験的にも、理論的にも見当たりそうにない」と述べ、讃井の説を批判する。

(4) ［自分の目の前にあるバッグを指し、遠く離れた相手に問いかける］
“这包是谁的？”「このバッグ、誰の？」
(5) ［テーブルを挟んで向い合っている相手のバッグを指して問いかける］
“这包哪儿买的？”「このバッグ、どこで買ったの？」
(木村 1992:206)

「話し手の個人領域」のものにも「共通談話領域」の中にあるものにも“这”が使われるのであれば、結局二種類の“这”を設定することになってしまう。両者を区別しなければならない理由、つまり、この二つの領域を設定しなければならない理由が全く明らかではないのである。

**木村（1992)、陳（2004)**

木村（1992）は“这”と“那”の使い分けは、話し手と指示対象の間の物理的・心理的距離で決まるのが基本であるとする。上の例（1）で相手の手元にあるものが“这”で指示されるのは、その対象が話し手の手にも届く範囲の至近距離にあるからである。このとき、聞き手の領域は話し手の領域に取り込まれ、包み込まれていると考え、これを「われわれの領域」あるいは「包合的視点」と呼ぶ。繰り返しになるが、「われわれ」といっても本来的にはあくまで話し手の領域、話し手の視点である。

これに対して、話し手と聞き手が対立する視点がとられた場合は、たとえ近距離であっても、聞き手に属する対象は“那”で示される。例えば（6）のような場合である。

(6) ［テーブルを挟んで向い合っている相手のバッグを指して問いか

ける]
“你那包哪儿买的？”
「あなたのそのバッグ、どこで買ったの？」

対立的視点をとって相手側の対象を遠称指示する場合は、一般に第二人称の“你”によるmarkingが必要とされ、有標化を伴うのに対し、包合的視点に立って相手側の対象を近称指示する場合は無標のかたちでも成立するという。つまり、例（6）の場合、第二人称の“你”はなくてはならないものである。もしこの“你”が省略されると（“那包哪儿买的？”)、「われわれ」の領域の外にあるものを指していると理解されてしまう。自分のバッグでもない、相手のバッグでもない「あのバッグ」を指すことになる。

なお、木村は、包合的視点がよりプライマリな常態的状況であり、対立的視点は二次的に成立するものであると述べている。この点について、陳（2004）にも同様な指摘がみられる。即ち、話し手は聞き手の対象への認識をある程度は配慮するものの、指示対象を自分の感覚による物理的、心理的な遠近関係で指し示す。ただし、話し手と聞き手の関係は指示詞の選択に反映されず、人称代名詞の意図的な使用または回避によって反映されると主張している。

しかし、これらの研究で扱っているのは、すべての指示対象が聞き手に近く、かつ聞き手に属するものであり、発話現場における一つの状況に過ぎない。次の二つの例文を見てみよう。

(7)【話し手が聞き手のそばにいる女の子を指して発話する。二人の距離は約2、3メートル】
你　　带　　这个　女孩　　四处　　逛逛。
あなた　連れて　この　女の子　あちこち　ぶらつく

「その女の子を連れてあちこちをまわってて。」

(8)【話し手が聞き手のそばにいる女の子を指して発話する。二人の距離は約 20メートル】

把　那个　女孩　带过来。

acc　あの　女の子　連れてくる

「その女の子を連れてきて。」

これらの例文では、指示対象は聞き手に近いが、聞き手に属するものではない。まず、(7) は包合的視点を用いた例である。聞き手と指示対象は何の関係もない限り、対立的視点を用いることができない。

一方、(8) のような場合、木村の「視点」を用いて説明するのは不可能である。相手と指示対象は話し手から離れているため、包合的視点に立って、相手側の指示対象を近称の“这”で指すことができない。また、指示対象を「われわれ」の外にあるものと見なし、“那”が用いられているとも考えられない。指示対象は聞き手のすぐそばにいるからである。一方､対立的視点に立って、例 (8’) のように“那”に第二人称の“你”を付けると明らかに不自然である。

(8’)【話し手が聞き手のそばにいる女の子を指して発話する。二人の距離は約 20メートル】

把　你　那个　女孩　带过来。

acc　あなた　あの　女の子　連れてくる

### 6.2.2 本研究の立場

これまでの例文を見る限り、聞き手の要因が考慮されるかどうかは別にして、「話し手にとって近い対象は“这”で指し、遠いものは“那”で指す」といった説明は確かに成立する。

しかし、木村（1992：181）もいうように、「それはあくまでも結果を述べているにすぎないのであって、問題は何がどうある場合に、話し手は『近い』と認識し、あるいは『遠い』と認識するのか」を解明しなければならない。つまり、発話現場における客観的な位置づけ、また、どのような場合に心理的、あるいは主観的な要因が関わってくるのか、聞き手の存在は指示詞の選択に影響を与えるのか否か、などを考えなければならないのである。

以下では、中国語の指示詞を日本語の指示詞と対比させつつ、その特徴を明らかにしていく。

### 6.2.2.1 発話現場の分割

本研究では、話し手と聞き手の位置関係によって、話し手と聞き手が近い場合と遠い場合の二つの状況に分けて考察を進める。

I.　話し手と聞き手が近い場合

まず、話し手と聞き手が対面する場合、例（9）のように、日本語では、自分に近い対象であっても、それ以上に相手に近いと認識された対象であれば、「コ」を用いずに「ソ」を用いる。一方中国語では、指示対象が聞き手の領域にあるにも関わらず、自分に近ければ“这”を用いる。

(9)【話し手が聞き手のそばに置いてあるバッグを見ながら発話する。二人の距離は約1メートル】

这　包儿，　新　买的？

その　バッグ　新しい　買う -過去

「そのバッグ、新しく買ったの？」

また、例（10）のように、日本語では、自分の手に持っているものや身に付けているものは「コ」で指し、相手は同じものを「ソ」で指すのが自然だが、中国語では双方共に“这”を用いることが珍しくない。

(10)【隣席のBさんに読んでいる漫画を指して】

A: 这　漫画　特　有　意思，我　看完了
この　漫画　凄い　ある　面白い　私　読み終わる-過去
借　你。
貸す　あなた
「この漫画凄く面白いから、読み終わったら貸すよ。」

B: 可以　吗？　太好了。　对了，　这　漫画
いい　疑問　よい-過去　そう-過去　この　漫画
是　谁的　作品　啊？
です　誰の　作品　疑問
「いいの？やった！それで、それ、誰の作品なの？」

以上の例（9）（10）では、指示対象が聞き手の領域にあるにもかかわらず、“这”が用いられている場合である。もちろん、これらの例の場面とほぼ同様の至近距離にいる相手の持ち物を指して“那”を用いることもある。

(11) A: 这是　我　最　喜欢的　一件　衣服，送给
これは　私　最も　好きな　一着　洋服　あげる
你　当　赔罪　了。
あなた　あたる　謝罪　MOD
「これは私の一番お気に入りの服なんだけど、お詫びにあげる。」

B: 算了　吧，你　那　宝贝　我　可　收不起。
やめる　MOD　あなた　あの　宝物　私　やはり　もらえない
「だめよ、あなたの宝物はもらえない。」

指示対象と話し手の間の物理的な距離だけを考慮するならば、むしろ“这”のほうが自然だと感じられる。ここで“那”が使用されるのは、やはり指示対象が自分の領域に属さないものであるという認識が強く、そこに心理的な距離が生じたからであると考えられる。

では、話し手と指示対象の間の距離が同じでも、なぜ話し手領域の“这”が使われたり、聞き手領域の“那”が現れたりするのであろうか。ここで、中国語指示詞における現場分割を次のように提案する。

a. 日本語とは異なり会話領域はなく、個人領域があるのみ。
b. 個人領域は状況によって大きさが異なりうる。聞き手を含むこともあれば、含まないこともある。

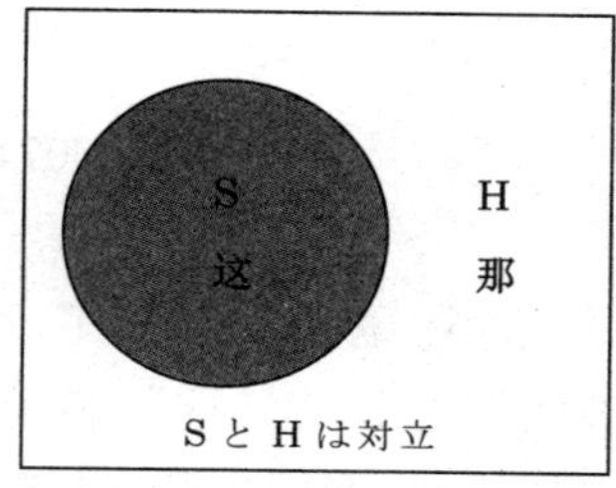


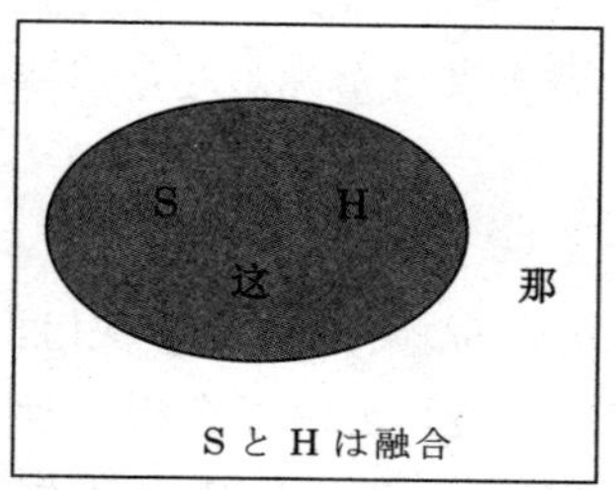


**図1“这”と“那”の発話現場の分割**

図1右の状態を指して、共通談話領域（讃井1988）あるいは「包合的視点」（木村1992）と呼んでも構わないが、それはあくまで便宜的な名称にすぎず、本質的には話し手の個人領域である。

さて、一旦図1のような状態になれば、つまり話し手と聞き手が近く、指示対象が両者とも近ければ近称の“这”で、両者とも遠ければ遠称の“那”で指し示す。また、指示対象が聞き手の近くにある場合、“这”のほかに遠称の“那”も用いることができる。

この場合、話し手は自分の領域の対象と意図的に距離を置くことによって、指示対象と対立する気持ちを表現することになる。その対立する気持ちは、場合によっては嫌悪や忌避となる。李(2007)では、中国語指示詞の領域は話し手の主観によって設定するものであるとし、次のような例文を挙げている。

(12) 【話し手が近くにいる聞き手が持っているはずの食券の所在を確認する場面】

a. 饭票　不是　　都在　你　　这儿　么?
食券　ではない　全部　あなた　ここ　か
「食券は全部あなたが持っているんでしょう?」

b. 饭票　不是　　都在　你　　那儿　么?
食券　ではない　全部　あなた　そこ　か
「食券は全部あなたが持っているんでしょう?」

(李 2007:129)

この二つの文の知的意味は同じであるが、微妙にニュアンスが異なる。(12) aの場合は、図1右の状況として"这"が用いられている。一方、(12) bの場合は、木村 (1992) の言い方を借りれば、話し手が突き放した感情を伴って聞き手側の対象を捉える文である。つまり心理的要因で話し手の領域にあってもよいはずのものを、話し手領域の外に放り出したわけである。したがって、このような場合、物理的距離によって選択される"这"は無標で、心理的距離によって選択される"那"は有標である。

注意しなければならないのは、"那"を用いることによって、話し手が指示対象との対立を表すのであり、決して聞き手との対立を表しているのではないということである。木村 (1992) は、「"你那"+指示対象」という形で「対立的視点」を表すと述べ、「対立的視点をとって相手側の対象を遠称指示する場合は、一般に第二人称の“你”による marking が必要とされ、有標化を伴う」としている。しかし、ここでの「対立」は指示対象と聞き手両方との対立である。例えば、次の例（13）では、指示対象は聞き手の領域にあるが、聞き手に属してはいない。したがって、“那大木牌”と言えるが、“* 你那大木牌”とは言えない。つまり、聞き手との対立を表す場合、指示対象は聞き手の領域にあるだけでなく、聞き手に属するものでなければならない。同様に例（9）（10）でも、（9'）（10'）のように意図的に指示対象との対立だけを表すのであれば、第二人称の“你”をつけなくても、“那包儿”“那漫画”と言える。一方、聞き手との対立だけを表すのであれば、第二人称の“你”をつけて、聞き手の所有物であっても近距離の指示対象を“你这包儿”“你这漫画”とも言える。

（13）おんじょろ：何だ。そげなもんなら、おらがこれで、ひと叩きにおっ伏せてやるだわ。（立札を振り回す）

老　人：（初めて立札に気づいて）うわァ、おめえ、その板ふだ引きぬいて持ってきただかい。

赛金刚："什么！就那么个老虎呀，俺用这个一下子就给你们把它砸死。"（挥舞着大木牌）

老爷爷：（刚刚注意到大木牌）"啊呀，你把这大木牌拔了来啦！"

（『赛金刚盛衰记』木村 1992）

つまり、聞き手との対立を表す場合、指示対象は聞き手の領域にあるだけでなく、聞き手に属すものでなければならない。同様に例（9）（10）でも、（9'）（10'）のように意図的に指示対象との対立だけを表すのであれば、第二人称の“你”をつけなくても、“那包儿”“那漫画”と言える。一方、聞き手との対立だけを表すのであれば、第二人称の"你"をつけて、聞き手の所有物であっても近距離の指示対象を"你这包儿""你这漫画"とも言える。

(9)【話し手が聞き手のそばに置いてあるバッグを見ながら発話する。二人の距離は約1メートル】
{你这/那}　包儿，　新　买的?
{あなた-この/あの}　バッグ　新しい　買う-過去
「そのバッグ、新しく買ったの？」

(10')【隣席のBさんに読んでいる漫画を指して】
A: 这　漫画　特　有　意思，我　看完了
この　漫画　凄い　ある　面白い　私　読み終わる-過去
借　你。
貸す　あなた
「この漫画凄く面白いから、読み終わったら貸すよ。」
B: 可以　吗?　太好了。　对了，
いい　疑問　よい-過去　そう-過去
{你这/那}　漫画　是　谁的　作品　啊?
{あなた-この/あの}　漫画　です　誰の　作品　疑問
「いいの？やった！それで、それ、誰の作品なの？」

次に、話し手と聞き手が並んでいる場合、両者に近ければ"这"で指し、遠ければ"那"で指す。この点は、日本語と同様である。

(14)【二人の目の前にあるカバンを指して】
这　是　谁的　包儿　啊?
これ　です　誰の　カバン　疑問
「これは誰のカバン？」

(15)【隣の人に10メートル先にあるカバンを指して】
那　　是　　谁的　包儿　　啊?
あれ　です　誰の　カバン　疑問
「あれは誰のカバン？」

また、(16)の例では、指示対象は両者から近くも遠くもないところにある。この場合、日本語では会話領域にある「中距離のソ」で指し示すが、中国語では中距離を表す指示詞が存在しないため、近くはない指示対象は話し手の領域から外され、遠称の"那"で指し示す。

(16) a. 乗　客: そこの煉瓦色の建物の前で止めてくれ。
運転手: そこの大きな建物ですね？
b. 乘　客: 请给我停在那个砖色楼房的前边。
司　机: 那个大楼吧?

しかし次の例のように、話し手から遠くても近称の"这"を用いて指すことがある。

(17)【学生ラウンジで、甲と乙が並んでソファに座り、遠く離れているテレビを見ている】
a. 甲: あのテレビ大きいね、こんなに離れていても、画面がはっきり見える。
乙: そうだね、あの大きさでちょうどいいわ。
b. 甲: 这电视真大，离这么远也能看得清清楚楚。
乙: 可不，这么大的正好。

この点に関して木村（1992）は、「中国語は、対象を自分の側の引き寄せる傾向が強い」と述べている。一方、劉（2010）では更に（18）のような例を挙げて、このような現象は引き寄せではなく、我々の主観的意識が指示対象に拡張していくプロセスであると主張し、「自己投入」理論を用いて説明している。

(18)【話し手と聞き手が30メートル以外の小さなものを見て、話し手が発話する。】
{这/那} 不是你的发明么？
{*これ/*それ/あれ} はお前の発明じゃないか？

上の例を我々の理論では次のように説明することができる。まず日本語の場合は「距離」が優先され、いくら話題性があっても個人領域外の遠いものは個人領域に入れることはできないのに対し、中国語では距離と関係なく、話し手と聞き手が指示対象に対する関心が強ければ、個人領域にあるものとして語ることができる。逆に例（19）では「テレビ」は話者の関心事になっていないため、物理的距離によって“那”が選ばれている。

(19)【遠く離れているテレビを指して、隣にいる引越業者の人に】
把　桌子　放在　那　电视　旁边。
acc　テーブル　置く　あの　テレビ　隣
「テーブルをあのテレビの隣に。」

Ⅱ．話し手と聞き手が遠い場合

以上で見てきたように、中国語の場合、話し手と聞き手が近い場合、話し手が聞き手の領域も含めて自分の領域として設定する傾向がある。しかし、聞き手が離れていくことによって、話し手は聞き手の領域をカバーすることができなくなってしまい、聞き手領域にある指示対象も含めて、“那”しか用いることができない。この場合図示すれば図１左のようになる。

(20)【話し手が聞き手のそばにいる女の子を指して発話する。二人の距離は約20メートル】(20=5)
把　那个　女孩　带过来。
acc　あの　女の子　連れてくる。
「その女の子を連れてきて。」

(21)【道路を隔てた向う側で自転車に跨っている相手に対して】
小王!　你　那　辆　车　哪儿　买的?
王くん　きみ　あの　量詞　自転車　どこ　買う-過去
「王くん！きみのその自転車、どこで買ったの？」

### 6.2.2.2 絶対的空間と時間を表す現場指示

ここまで発話現場に存在する事物を指示対象として述べてきたが、この節では指で指せない上に、目でも確認できない発話場所と発話時そのものを指示対象とした場合を日本語と比較しながら見てみよう。

#### 6.2.2.2.1 絶対的空間を表す現場指示

まず、実体のない指示対象の中でも空間を表す言葉から見ていく。

(22) a.「もし希望を叶えていただけなければ」と男は言った。「あなた方はどのみちアウトです。これから先ずっと、この世界にはあなた方の入り込む場所はありません」
b.“倘若不能满足我们的希望，”来客说，“你们就算玩完。这个世界上往后永远不会有你们插足之地。”

(23) a.「あなたはこの町の生まれですか？」と僕は訊ねてみた。

b.“你是这镇上出生的？”我问。

（以上、村上春樹『羊をめぐる冒険』）

例 (22) (23) での「この世界」「この町」は目で確認できる特定の指示対象があるわけでもないが、話し手と聞き手の居場所を表している点から、抽象的かつ特殊ではあるが現場指示の一種であると看做すことができる。ここでは対応する中国語でも“这”が用いられている。

しかしながら、話し手と聞き手が常に同じ場所にいるとは限らない。

(24) a. そちらは今雪が降っているか、と彼は訊いた。今のところ何も降ってない、と僕は答えた。

b.“那边现在正下雪吗？”他问。“这工夫什么也没下。”我回答。

（村上春樹『ダンス・ダンス・ダンス』）

第 3 章でも取り上げた例 (24) のように、話し手は聞き手と発話場所を共有していない場合、相手の居場所をソ系で、自分の居場所をコ系で指示しなければならない。中国語では、それぞれ“那”と“这”が対応する。このような表現は手紙や電話などに多く見られる。

以上のように、中国語では同じ発話場所に話し手と聞き手がいる場合は“这”が使われる。一方、話し手と聞き手が離れた場所にいるとき、話し手の場所には“这”が、聞き手の場所には“那”が用いられる。

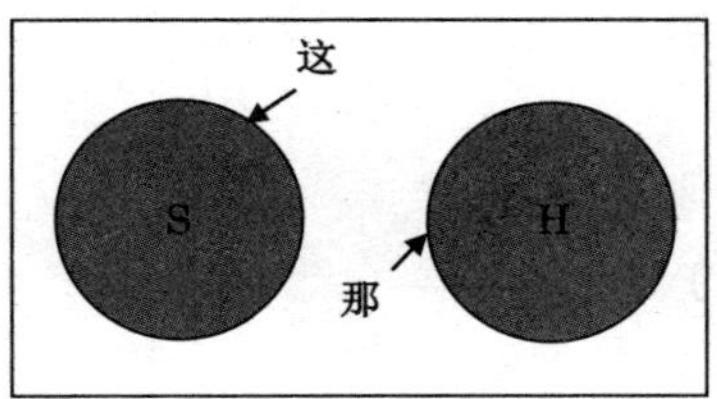


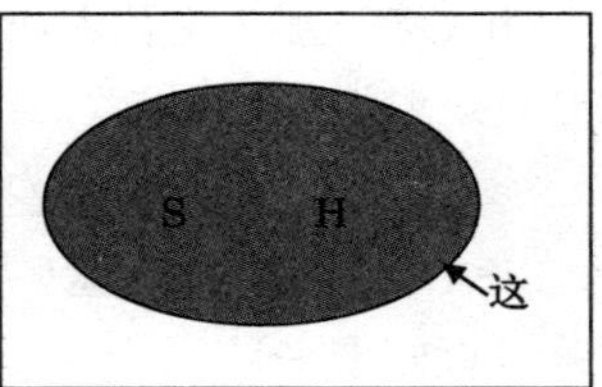


図2 絶対的空間における中国語指示詞

図2のように、絶対空間においては、"这""那"はいずれも、個人領域そのものを指示対象とし、話し手の個人領域を指示する場合は"这"が、聞き手の個人領域を指すときには"那"が用いられる。日本語では、それぞれ前者には「コ」、後者には「ソ」が使われる。

6.2.2.2.2 絶対的時間を表す現場指示

次に、発話時を指示対象とした場合を見てみよう。話し手の存在する時、すなわち現在を指示するため、中国語は日本語と同様に近称だけである。

(25)〔現在〕

a. {このごろ/*そのころ/*あのころ} よく眠れない。

b. {这/*那} 几天总是睡不好。

(26)〔過去から現在まで〕

a. i. {この/*その/*あの} 三週間、どこにも行かなかった。

ii. {这/*那} 三周，我哪里都没去。

b. i. {ここ/*そこ/*あそこ} しばらく、雨が降っていません。

ii. {这/*那} 段时间都没下雨。

(27)〔現在から未来まで〕

a. {ここ/*そこ/*あそこ} 十日間は暑い日が続くでしょう。

b.{这 /*那} 十几天还是会很热吧。

(28) 〔近い過去〕

a.{この /*その /*あの} 春、大学を卒業した。

b.{这 /*那} 个春天(大学) 毕的业。

(29) 〔近い未来〕

a.{この /*その /*あの} 春、大学を卒業します。

b.{这 /*那} 个春天大学毕业。

ただし、日本語と比べて中国語の“这”の使える範囲は多少狭いようである。例えば、次のような場合、“这”は使われない。(以下の例文は『日本語文法　セルフ・マスターシリーズ　指示詞』より引用)

(Ⅰ)比較的近い過去の時点を表す「この間」「この前」

(30) a. この間、町で田中さんにばったり会いました。

b. 前几天，在街上突然遇到了田中先生。

(31) a. この前見たときよりずいぶん大きくなりました。

b. 比我上次见到你时高多了。

(Ⅱ)比較的近い過去から現在までの期間を表す「このごろ」「ここのところ」

(32) a. このごろ勉強が面白くなってきたんです。

b. 近来对学习产生了兴趣。

(33) a. このところうっとしいお天気が続きますが、お元気ですか。

b. 最近天气总是阴沉沉的，您身体好吗?

### 6.2.2.3 個人領域の決定要因

以上のように、中国語では、話し手の個人領域にあるものは“这”、なければ“那”で指し示す。また、話し手と聞き手が近い場合、聞き手の個人領域にあるものを“这”でも“那”でも指し示すことができる。

本節では、この「個人領域」について考えてみる。第３章で述べたように、日本語における「個人領域」は、相対的距離、聞き手との距離、コントロール性（直接接触）・操作可能性、所有・所属関係などの要因によって決定される。ここで、これらの要因が中国語指示詞とどのような関わりがあるのかを見てみよう。

6.2.2.3.1 相対的距離

現場指示では基本的に自分に近くのものは“这”、遠くのものは“那”で指し示す。その際、重要なのは絶対的距離ではなく、相対的距離〔例（34)〕である。また例（35）のように、遠くても目立つものに対し、遠称のほか近称で指し示すことができる。

(34)【夜空の星を指さしながら】

这颗　是　北斗七星，所以　那颗　是　北极星。

これ　である　北斗七星　だから　あれ　である　北極星

「これが北斗七星だから、あの星が北極星だ。」

(35)【窓際に立って遠くにある一つの山を眺めながら】

这　座　山　是　富士山　吗?

この　量詞　山　です　富士山　疑問

「この山は富士山なの？」

6.2.2.3.2 聞き手との距離

次の例（36）（37）で示したように、日本語では原則として聞き手の領域は「会話領域」に含まれるため、自分より相手に近いと認識された対象であれば、「ソ」を用いる。一方中国語では、指示対象と聞き手の距離が考慮されず、話し手に近ければ“这”、遠ければ“那”で指し示す。

(36) 【話し手が聞き手のそばに置いてあるバッグを見て発話する。二人の距離は約1メートル】(36=9)
这 包儿， 新 买的?
その バッグ 新しい 買う一過去
「そのバッグ、新しく買ったの？」

(37) 【話し手が聞き手のそばにいる女の子を指して発話する。二人の距離は約20メートル】(37=8)
把 那个 女孩 带过来。
acc あの 女の子 連れてくる。
「その女の子を連れてきて。」

6.2.2.3.3 コントロール性（直接接触）・操作可能性

日本語と同じく、コントロール性もまた指示対象を個人領域に入れる要因となる。

(38) 母: ちょっと背中をかいてくれる？
子: どこがかゆいの？ここ？
母: そう、{*ここ /そこ}。
(井上 2002:20; 一部改変)

(39) 妈妈: 给我挠一下后背呗。
「ちょっと背中をかいてくれる？」
儿子: 哪儿痒啊? 这儿? 「どこがかゆいの？ここ？」
妈妈: 对，就{这儿 /那儿}。 「そう、{ここ /そこ}」

例（38）では、背中は母の体の一部であり、また母のほうが近いにも関わらず、子は「コ」を用いている。子は母の背中をかくという行為の主体であるため、指示対象は子の領域にあると見なされているからである。これに対し、母は行為の主体ではないので、指示対象を自分のものとせず、相手の領域に属する物と見なし、ソを用いる。したがって、日本語では距離よりも動作の主体である方が優先順位が高いと言える。

一方、(39) の中国語の場合、子が指示対象を自分の領域の物と見なして近称の "这" を用いるのは日本語と同じだが、母は遠称 "那" だけではなく、"这" を用いることもできる。したがって、中国語では行為の主体であるかどうかとともに、距離も指示詞選択の重要なパラメータであると考えられる。

これを支持する証拠として、例文 (40) (41) がある。(38) (39) と同一の状況で、話し手が背中に腕を回してかゆい場所を指す場合、日本語でも中国語でも近称の「コ」と "这" しか使えない。

(40) 母: ちょっと背中をかいてくれる？
子: どこがかゆいの？ここ？
母: ちがう、{*ここ /そこ} じゃない。
(背中に腕を回してかゆい場所を指さす) {ここ /*そこよ、ここ /*そこ}。
(井上 2002:20; 一部改変)

(41) 妈妈: 给我挠一下后背呗。
「ちょっと背中をかいてくれる？」
儿子: 哪儿痒啊？ 这儿？　「どこがかゆいの？ここ？」
妈妈: 不对，不是{这儿 /那儿}。
「ちがう、{*ここ /そこ} じゃない。」
（把胳膊弯到背后指着痒处）
(背中に腕を回してかゆい場所を指さす)
{这儿 /*那儿，这儿 /*那儿}。

「{ここ/*そこよ、ここ/*そこ}。」

日本語でも中国語でも、母親は指さし行為についてはその行為主体であり、かつ自分からも近いために、「ソ」や遠称の“那”が選ばれる余地はないのである。

6.2.2.3.4 所有・所属関係

日本語の場合、単に所有しているかどうかよりも、譲渡可能(alienable)かどうかが重要で、譲渡不可能であれば話し手の個人領域に入りやすい。

これに対して中国語では、下の例文が示すとおり、指示対象がより聞き手に近いにも関わらず、自分の所有物として近称の“这”を用いている。このとき、所有物は譲渡可能であっても構わない。

(42) a. 杨彩玉:(从床上拎起一件衣服)衣服脱了也不好好挂起来，往床上一扔，十二岁啦，自己的身体管不周全，还教别人，做什么“小先生”！

葆　珍:(将书本收拾)这件要洗啦！

(夏衍《上海屋檐下》)

b. 杨彩玉:(ベッドから服を拾い上げて)服を脱いでもきちんと掛けておかないで、ベッドにポイ。十二にもなって、自分の身の回りのこともきちんとできないで、そのくせ、ひとに勉強を教えたりして、「ちびっ子先生」だのなんだのって！

葆　珍:(本を片付けながら)それ洗うのよ！

(木村 1992)

### 6.2.3 まとめ

現場指示における日本語と中国語指示詞の特徴をまとめると図3のようになる。

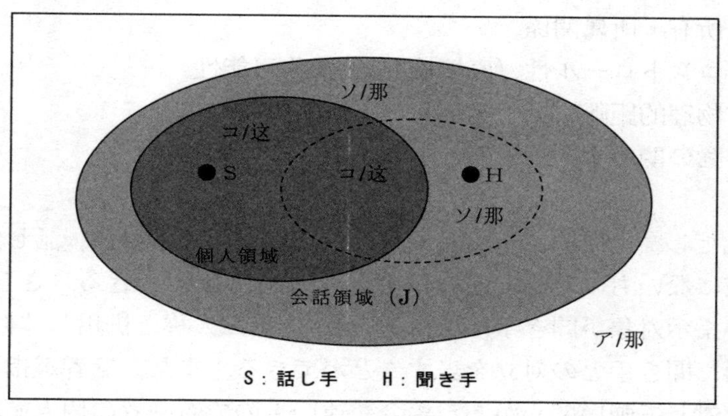


図３ 現場指示用法における日中指示詞の対応関係

コ：話し手（S）の個人領域内にある事物を指す。
ソ：話し手（S）と聞き手（H）を含む会話領域内にある事物を指す。
ア：会話領域内から、領域外にある事物を指す。
这：話し手（S）の個人領域内にある事物を指す。
那：話し手（S）の個人領域外にある事物を指す。

どの領域にあると判断されるかはさまざまな要因によるが、日本語では、次のような要因で個人領域が決定される。

- 所有・所属関係（譲渡不可能）
- コントロール性（直接接触）・操作可能性
- 物理的距離（話し手からの主観的距離）

一方、中国語は日本語と異なり、指示詞を選択する際に聞き手の領域を考慮せず、次のような要因で個人領域が決定される。

- 所有・所属関係
- コントロール性（直接接触）・操作可能性
- 物理的距離（話し手からの主観的距離）
- 強い関心事

ただし、主観的に指示対象との対立を表現する場合、話し手の領域にないものとして遠称の“那”で指すことができる。さらに、その指示対象が聞き手領域にある場合、第二人称と併用し“你那”の形で聞き手との対立を表すことができる。また、話者が指示対象に対して強い関心がある場合、遠いものでも話者の個人領域内に引き寄せて近称の“这”で指し示すことができる。

以上を纏めてみると、現場指示における日本語と中国語の共通点と相違点は以下の通りである。

共通点：指示詞選択の決め手は認知主体の話し手である。
相違点：日本語では、聞き手を含む会話領域があり、発話現場への依存性が高い。
中国語では、会話領域がなく、発話現場への依存性が相対的に低い。

## 6.3 文脈指示用法

### 6.3.1 先行研究とその問題点

中国語の文脈指示“这”と“那”の使い分けに関する代表的な先行研究としては、江（1980）、梁（1986）、讃井（1988）、王（2007）

の四つが挙げられる。以下、順に検討していきたい。

**江(1980)**

江は中国語の文脈指示“这”と“那”の使い分けに関して次のように述べている。

> “这”主要是用来指示身边不远的，或刚发生的，或刚刚说过的事物；有时用来强调不是别的事物。“那”主要是用来指出不在身边的,或以前发生过的事物的某项特点。
> (“这”は主として身のまわりから遠くない、あるいは発生したばかりの、または言ったばかりの事物を指示するのに用いる。時にはほかのものではないことを強調するのに用いる。“那”は主として身のまわりにない、あるいは以前発生した事物のある特性を指示するのに用いる。)

しかし、この区別に従えば“这”で指示するべきであるのに、実際には“那”によって指示されている例が数多く見られる。

(43)　偶尔延长到八点的时候也不是没有的，但那也是例外中的例外。
「たまには8時までかかることもないではないが、それは例外中の例外なのだ。」

ここで、“那”が指示しているのは、前文で提示したばかりの“延长到八点的时候(8時までかかることもある)”のことである。従って、「言ったばかり」あるいは「提示したばかり」の事物であるかどうかは、“这”と“那”の使い分けの基準として必ずしも適切ではないといわざるをえない。

さらに、(43) の“那”を (44) のように、“这”に置き換えることも可能であるが、なぜ置き換えられるのか、置き換えることによってどのような意味の違いが生まれるのかについては上述の先行研究では説明することができない。

(44) 偶尔延长到八点的时候也不是没有的，但这也是例外中的例外。
「たまには、8時までかかることもないではないが、これは例外中の例外なのだ。」
(呉人・芦・加藤 2005)

**梁（1986）**

梁は、“这”と“那”について次のように述べている。

1) “这”は空間的、時間的に話し手に近いもの、また、空間的、時間的に話し手から一定の距離があっても、聞き手にもよく知られ、精神的に近いと感じられるものを指示するのに用いる。
2) “那”は空間的、時間的に話し手から離れたもの、しかも聞き手がまだ知らないものを指示するのに用いる。
3) ただし、空間的、時間的に話し手から離れたものを指す場合、その指示対象の存在する場所と発生する時間の客観性が強調されるとき、聞き手が知っているものであっても、“这”で指すことができない。

(45) のような場合、聞き手は“那件事”について知っているから、梁 (1986) に従えば、“这”を使うべきところである。しかし、実際には指示されるところの“那件事”は聞き手が知っていても“那”でしか指示できない。したがってこれは梁 (1986) に対する反例となる。

(45) 那件事办得怎么样了？
「あの件はどうなってますか」

**讃井(1988)**

讃井（1988）は文脈指示用法における“这”と“那”の使い分けには、次の三つの原則があると述べている。

まず、話し手（作者）の視点が伝達の重要なポイントではないという前提のもとで、指示代名詞の先行詞が話し手（作者）によって提示されたばかりである時には“这”を使い、比較的以前すでに聞き手（読者）に紹介されている場合には“那”を使わなければならない。

次に、先行詞が提示されたばかりであっても、Topicとしての主語が甲から乙にかわる場合には“这”ではなく、“那”を使わなければならない。

最後に、話し手の視点が伝達の重要なポイントであるという前提のもとで、先行詞が提示されたばかりであっても、その先行詞の示す指示対象の存在位置が話し手の時間的空間的視点と一致しない場合、“这”ではなく、“那”を使わなければならない。

江（1980）と同じく、讃井（1988）も“这”は基本的には「提示したばかり」の事物を指示するのに用いられ、“那”は「以前に発生した」事物を指示するのに用いられるとしている。しかし、この区別に従えば“这”で指示されるべき対象が、例（43）（44）のように、“那”によって指示されている例が数多く見られる。

また、例（46）（47）で見るように話し手の視点が指示対象の存在と時間的、空間的に一致しない場合、“那”のみならず、“这”も用いられる。

(46) 祖国宝岛台湾省的东南海滨有个台东县。那里坐落着一片片高山族的农寨渔村。
(我が祖国の宝島台湾の東南の海岸に台東県がある。そこには高山族の農民漁民の部落がたくさん点在している。)
(讃井 1988:14)

(47) 祖国宝岛台湾省的东南海滨有个台东县。这里坐落着一片片高山族的农寨渔村。
(我が祖国の宝島台湾の東南の海岸に台東県がある。ここには高山族の農民漁民の部落がたくさん点在している。)

**王(2007)**

王 (2007) では、日文中訳の用例を通じて日中指示詞を比較した結果、中国語指示詞を次のようにまとめている。

1) 単純な「文脈承前[1]」を表すには、中国語では一般的に“这”を用いる。
2) 話し手側に属するモノ、また話し手が自ら提示したモノを“这”で表す。相手側や第三者に属するモノについては“那”で表す。それ以外の対象について、文脈に応じて異なった基準で“这”と“那”を使い分ける。
3) 空間的・時間的距離感に関しては、対象物が身近で現在に属すると看做される場合は“这”を、遠距離あるいは過去や未来に属すると看做される場合は“那”を使う。
4) 複数の対象物を区別するために、日本語と同様に“这”と“那”で指し分けることは中国語にもある。

しかし、王 (2007) を含め、以上の先行研究では中国語指示詞

[1]「文脈承前」は、三上章 (1970) から借りた用語で、「文脈指示」より狭い概念である。普通先行文脈に現れた指示対象を照応させる指示詞の用法と理解される。

の文脈指示用法を記述するに当たって、単なるその使い分けをいくつかの面に分けて述べているだけで、“这”と“那”を区別する理論的なモデルが見当たらない。つまり、なぜそのように使い分けているのかは不明なのである。

### 6.3.2 本研究の立場―談話モデル

本研究では、中国語の文脈指示用法における“这”と“那”の使い分けを、日本語と同じ談話モデルで説明する。

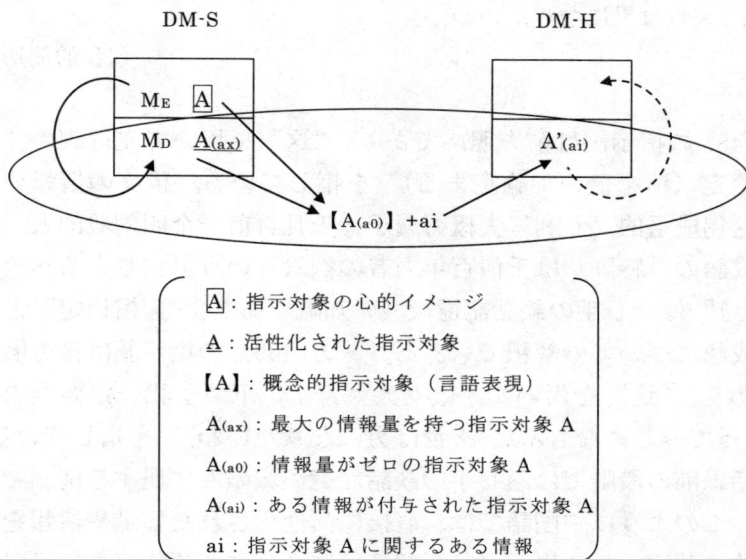

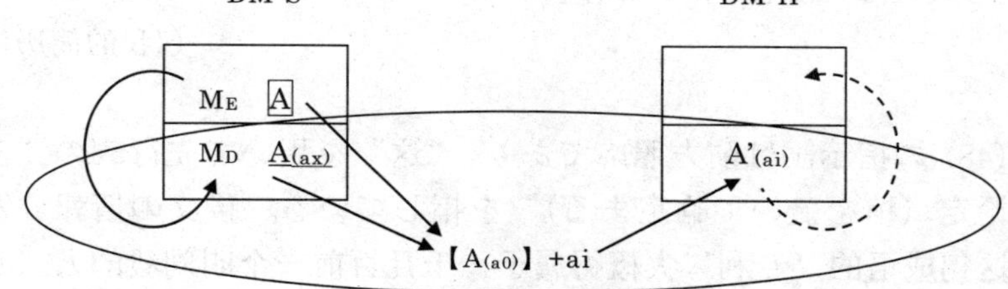


A：指示対象の心的イメージ
A：活性化された指示対象
【A】：概念的指示対象（言語表現）
$A_{(ax)}$：最大の情報量を持つ指示対象A
$A_{(a0)}$：情報量がゼロの指示対象A
$A_{(ai)}$：ある情報が付与された指示対象A
ai：指示対象Aに関するある情報

**図４ 談話モデルにおける文脈指示用法**

#### 6.3.2.1 “这”の基本的な使い方

まず一人の話し手における一連の発話に含まれる文脈指示から見ていこう。

(48) 盖棺论定，又叫“盖棺事定”。发明这句成语的“专利”，大概得属于一千几百前一个叫刘毅的人。

「『棺を蓋いて論定まる』は、『棺を蓋いて事定まる』とも言う。この成語の『特許』は千何百年も昔の劉毅という男に与えるべきだろう。」

(《盖棺》)

(49) 我也经常听到这样的抱怨：“做女人太苦了，下辈子我一定要做男人。”说这种话的当然也是女人。

「私もこのような愚痴をよく聞いた、『女ってみじめなもんだ、来世は男になりたいわ。』」

(《我的简历》)

(48) の指示詞は前方照応であり、“这”を用いて先行詞の“盖棺论定（棺を蓋いて論定まる)”を指している。後文の情報“发明这句成语的‘专利’,大概得属于一千几百前一个叫刘毅的人（この成語の「特許」は千何百年も昔の劉毅という男に与えるべきだろう)”は話し手の談話記憶領域の知識であり、“盖棺论定”という成語についての解釈でもある。一方（49）の指示詞は後方照応であり、“这”を用いて“做女人太苦了，下辈子我一定要做男人(女ってみじめなもんだ、来世は男になりたいわ)”を指している。発話以前の段階では話し手の談話記憶領域のみに属する情報である。このように中国語では、直接に活性化された知識や情報を一時的に蓄えられる場所（談話記憶領域 $M_D$）にある物事を指示対象として指す場合は“这”が用いられる。

また、(50）のように、活性化された知識を言語文脈領域に持ち出し、その文脈上に再構成された指示対象を日本語では「ソ」で指し示すのに対し、中国語では“这”を用いている。つまり、中国語では、(48)（49）(50）で示したように、談話記憶領域にある指示対象であれ、言語文脈領域にある言語表現であれ、両方とも“这”で指示することができる。言い換えれば、中国語の“这”は日本語の「コ」と「ソ」両方の機能を併せ持つように見える。

(50)　a. 順子は「あなたなしでは生きられない」と言っていた。その順子が今は他の男の子供を2人も産んでいる。

(庵 1996:32を改変)

b.（顺子曾经说过:“没有你我无法生存下去。”）

{（就是）这个/那个}　曾经　说过:　“没有　你
{（実に）この /あの}　かつて　言った　ない　あなた
我　无法　生存　下去”的　顺子　现在
私　できない　生きられる　行く　の　順子　今
居然　和其他男人　生有　两个　孩子。
意外にも　他の男と　生んでいる　二人の　子供

b’.（顺子曾经说过:“没有你我无法生存下去。”）
（就是）那个顺子现在居然和其他男人生有两个孩子。

ただし、庵（1997）が指摘した「予測裏切り的意味」など「ソ」の特殊な機能は中国語指示詞にはない。第1文と第2文は対比的、逆接的な関係になっており、その結果「意外性」が感じられる談話となっている。しかし、中国語に訳した場合、“居然（意外にも)”や“竟（意外にも)”など「意外性」を表す表現を加えないと文全体が不自然となる。

また、日本語では指示詞「その」は名詞「順子」を修飾し、第1文の文脈で述べられた「『あなたなしで生きられない』と言っていた」という意味をそのまま第2文に持ち込んだことになる。史（2002）はこれを「持ち込み機能」と呼ぶが、この機能も中国語指示詞“这”にはない。そのため、第2文では「顺子曾经说过:“没有你我无法生存下去。”」をもう一度繰り返さなければならない。したがって、“这”は何の限定もされていない談話記憶領域内の指示対象を指示することがわかる。

しかし、例（50）b’のように、“这”だけではなく、“那”も用いることが可能である。ただし、“那”には「持ち込み機能」が見られ、“这”のような繰り返しは不要である。この“那”で指しているのは発話内容を焦点にした順子ではなく、「『あなたなしでは生きられない』と言っていた」その時の順子である。つまり、“那”は文脈に限定された指示対象を指している。

つぎに二人の間での会話を見てみよう。日本語では対話の相手の発話内容を指す場合には、コ系は用いられず、言語文脈領域に導入された指示対象を指すソ系のみが現れる。

（51） a. $x$：さっき、首相が辞任したらしい

$y$：それ /*これは本当ですか

b. $x$：听说刚才首相辞职了

$y$：{这 /（你说的）那} 是真的吗？

これに対して中国語では、言語文脈領域に導入されたか否かに関わらず、談話記憶領域にあるもの、すなわち「今の発話内容」であれば、“这”で指示することができる。一方、感情的に遠ざけようとする気持ちを表わす場合、“那”を使うこともできる。特に“你说的”（あなたが言ったのは）をつけると、より文脈（相手が提供した情報）に限定されたことが強調され、“那”の容認度が高まる。

以下では中国語の「談話記憶領域内の指示対象を指示する」“这”と日本語指示詞の対応関係を見てみよう。

6.3.2.1.1 这—コ

次の例は庵（2007）で述べられた「ラベル貼り」という用法（先行する発話や文連続を指示しそれらに名付けをする用法）である。この場合、日本語では「コ」を、中国語では“这”を用いる。例えば、(52) では先行する文の連続「炮子儿朝这边射来，他们便奔到那边；朝那边射来，便奔到这边。到后来一间敞厅打得千疮百孔，墙也坍了一面，逃无可逃，只得坐下地来，听天由命（大砲の弾がこちらに飛んで来ればあちらに逃げ、あちらに飛んで来ればこちらに逃げる。やがてホールは穴だらけになり、壁も崩れ落ちて、逃げるに逃げられなくなった。仕方なく床に坐りこんで天命を待つ)」ということを、“地步（事態)”と名付けている。この用法は第５章で述べた「言い換え」用法と同様に、“地步（事態)”と先行する文連続と同一物を指すということを理解するには何らかの計算が必要である。つまり、“这个地步（こういう事態)”が現れた段階で“这个地步（こういう事態)”と話し手の談話記憶領域にある指示対象が照合され照応が成立するわけである。

(52) a. 炮子儿朝这边射来，他们便奔到那边；朝那边射来，便奔到这边。到后来一间敞厅打得千疮百孔，墙也坍了一面，逃无可逃，只得坐下地来，听天由命。流苏到了<u>这个地步</u>，反而懊悔她有柳原在身旁，一个人仿佛有了两个身体，也就蒙了双重危险。

（『倾城之恋』）

b. 大砲の弾がこちらに飛んで来ればあちらに逃げ、あちらに飛んで来ればこちらに逃げる。やがてホールは穴だらけになり、壁も崩れ落ちて、逃げるに逃げられなくなった。仕方なく床に坐りこんで天命を待つ。<u>こういう</u>事態になってみて、流蘇はかえって柳原がそばにいなければよかったと思った。ひとりでふたつの体を持っているように思えてしまう。

そのため危険度も二倍。

また、(53) では、「京都から相乗りの女」「色が黒い女」「色が次第に白くなってきた女」とはすべて書き手の談話記憶領域にある指示対象【女】に関する情報である。また、「この女」を用いることによって、話し手が談話のため準備しておいた情報（活性化された情報)をこれから聞き手に伝えようというサインとなり、指示対象を $M_D$ から新情報を付け加えながら再導入されることになる。言い換えれば、ここで「この女」を用いるということは、話し手のDM-S内の $M_D$ から【女】に関する情報を次から次に言語文脈領域に導入し、$A'_{(a0, a1, a2 \cdots ai)}$ が形成されていくわけである。この場合、日本語と同様に、中国語では談話記憶領域にある指示対象を指す“这”を用いる。

(53) a. 女とは京都からの相乗りである。乗った時から三四郎の目についた。第一色が黒い。三四郎は九州から山陽線に移って、だんだん京大阪へ近づいてくるうちに、女の色が次第に白くなるのでいつの間にか故郷を遠のくような哀れを感じていた。そこで<u>この女</u>が車室にはいって来た時は、なんとなく異性の味方を得た心持ちがした。

(『三四郎』)

b. 这女子是从京都上来的。她一上来就引起了三四郎的注意。她给人的第一个印象是皮肤黝黑。三四郎从九州转乘山阳线火车，渐渐接近京都、大阪的当儿，他看到女子的肤色渐渐变得白皙起来，自己不知不觉地产生了远离故乡的哀愁。因此，<u>这个女子</u>一走进车厢，他心里就想到，这回有了一位异性的同伴了。

6.3.2.1.2 这—ソ

(54)a では「ソ」は「陸先生！」という声を、(55)a の「ソ」は「科学には幻想がいる」を、(56)a の「ソ」は「寮生の中のトップ・エリートをあつめた特権的なクラブ」と「クラブに入っている限り就職の心配はないということ」をそれぞれ指している。日本語では、談話記憶領域から言語文脈領域に導入された概念的対象をソで指し示す。談話モデルで説明すると、文脈指示の場合、一旦述べた情報を聞き手の領域に対応物が形成されると看做し、ソで指し示すのが最も普通である。これに対して中国語では、(54)b、(55)b、(56)b のように話し手自身が談話記憶領域から導入した指示対象は“这”で指し示すのが一般的である。

(54)　a.「陸先生！」その声は何か悪いことをした男の児のように震えていた 。

　　b.“陆大夫！”这微微带着颤抖的声音，很像出自一个做错事的男孩子口中。

（『北京の女医』）

(55)　a.「おかしいわね、科学をやってて詩を読んでる暇があります？」

「科学には幻想がいるんだ、その点科学と詩には相通ずるものがある」

　　b.“真怪，你是搞科学的，还有时间读诗？”

“科学需要幻想，从这一点上说，它同诗是相通的。”

（同上）

(56)　a.いや、もっともっと深い読みがあるんだと言うものもいる。彼の説によればこの寮の出身者で政財界に地下の閥を作ろうというのが設立者の目的なのだということであった。たしかに寮には寮生の中のトップ・エリートをあつめた特権的なクラブのようなものがあって、僕もくわしいことはよく知らないけれど、月に何度かその設立者をまじえて研究会のようなものを開いており、そのクラブに入っている限り就職の心配はないということであった。そんな説のいったいどれが正しくてどれが間違っているのか僕には判断できないが、それらの説は「とにかくここはうさん臭いんだ」という点で共通していた。

(『ノルウェイの森』)

b. 甚至有人说其中包藏着非同小可的老谋深算。照这种说法，创办者的目的在于通过在这里做过寄宿生的人在财政界建立一个地下财阀。确实，寄宿院内，有个清一色由寄宿生中的优秀分子组成的特权俱乐部，详情我自然不清楚。据说一个月总要召开几次邀请创办者参加的什么研究会。只要加入这俱乐部，将来就职便万无一失。至于这些说法中何对何错，我便无从判断了。但所有这些说法有一点却是共通的，即:“反正莫名其妙。”

6.3.2.1.3 这—ア

“这”とアとが対応する文例に注目した、日中指示詞の比較対照研究に中（1989）がある。“这”とアの対応関係を示す例は次のようなものである。

(57) a. 一体、あの女の子誰なんだろう？

b. 这个少女到底是什么人呢?

b'. 刚才那个少女到底是什么人呢?

(赤川次郎『早春物語』)

上の例は、聞き手がいない場面である。中は、「内言或いは独り言の場合、相手がいなくても頭を使って考えるので、中国語においては『心理的に近い』にあてはまり“这”を使うことになる」と解釈している。しかし、指示対象が知らない相手で、かつ現場にいない場合、「心理的に近い」という解釈には賛同し難い。この場面では、少女を見たばかりで、それが新しい情報として話し手の談話記憶領域に残され、“这”を用いて指示されている。一方、日本語では、少女を見たばかりでも、もう過去の事であるため、指示対象を長期記憶領域にあると捉え、アを用いて指示する。しかし、(57) b’のように中国語でも長期記憶領域にある指示対象として“那”を使えなくはない。ただし“刚才”（さっき）という時間の経過を表わす言葉を付けたほうがより自然である。できごと（指示対象）は日本語の方が長期記憶領域に入りやすいと言えよう。さらに、次の二つの例を見てみよう。

(58) a. 車だ。あの何年もの血と汗の結晶である車が、消えてしまったのだ。兵営に着いたとたん消えてしまったのだ。これまでの苦労くらいならさっぱり忘れることもできる。だが、あの車だけはどうにも忘れることができなかった。

b. 他的车，几年的血汗挣出来的那辆车，没了！自从一拉到营盘里就不见了！以前的一切辛苦困难都可以眨眼忘掉，可是他忘不了这辆车。

（老舍《骆驼祥子》）

(59) a. それにあの「業務用」の声。—ああいう声が出るとは、今の今まで知らなかった。あの声だと、やっぱり姉も母と似た声なんだな、と思った。

（赤川次郎『早春物語』）

b. 我过去从未听到过姐姐刚才那种“办公用”口音。若是这种口音，可以说姐姐的口音与妈妈相似。

(58)bでは“那辆车（あの車)”が“这辆车（この車)”に、(59)bでは“那种‘办公用’口音（あの業務用の声)”が“这种口音(この声)”に、それぞれ換わったのは、指示対象が長期記憶領域から談話記憶に移ったことを表している。談話モデルに従えば、まず“那”を用いて指示対象〔“车（車)”と“口音（声)”〕を長期記憶領域から呼び出し、談話記憶領域に活性化しておく。それから指示対象を談話記憶領域から言語文脈領域に導入する。したがって第2文で言語文脈に何の限定もされていない、かつ談話記憶領域にある指示対象〔“车（車)”と“口音（声)”〕が“这”で指し示される。つまり、日本語は指示対象に関する情報を増やさない限り、長期記憶領域にある指示対象は最初から最後まで「ア」を一貫して用いることができるのに対し、中国語では最初は長期記憶指示から始まっても容易に談話記憶に転換できるのが特徴である。

#### 6.3.2.2 “那”の基本的な使い方

まず一人の話し手における一連の発話に含まれる文脈指示から見ていこう。

(60) a. 東南アジアにも納豆のようなものがあるんですが、{??それ /あれ} はなかなかおいしいですよ。

b. 东南亚有一种像纳豆一样的东西，{??这 /那} 东西特别好吃。

(61) a. *x*: この前インドに行ったんですが、名前は分かりませんが、何か発酵した豆のような、漬け物のようなものがありましたが、結構いけましたね。

*y*: そうですね。発酵食品で好き嫌いがあるけど、好きな人にはたまりませんよね。東南アジアにも納豆のようなものがあるんですが、{それ /?あれ} もなかなかおいしい

ですよ。

（小出 1995:15を一部改変）

b. *x*：前段时间去了印度，不知道叫什么名字，有一种像腌菜一样发酵的豆子，真的是很好吃。

*y*：是啊，发酵食品虽然有爱吃的不爱吃的，但要是喜欢起来可是不得了。东南亚也有一种像纳豆一样的东西，{?这 /那}东西也特别好吃。

小出（1995）はさまざまな例を挙げて、不特定性が高まると「ア」系列の容認度が高まり、文脈が付加されると「ソ」系列が容認されるようになると指摘している。これに対して中国語では、文脈が付加されることによって、談話記憶領域内の指示対象を指示する“这”の容認度が高まるが、“那”のほうが自然である。すなわち、“那”の指示対象は文脈が付加される前は話し手の長期記憶領域にあるが、さらに情報が付け加われば言語文脈領域にある。そのいずれの場合にも“那”が用いられているのが特徴である。

つぎに二人の間での会話を見てみよう。久野（1973:188-189）は、コ・ソ・アの文脈指示用法について、「山田」が共通の知人であることが確認される前はソ、その後はアが用いられるという。

(62)　a. *x*：きのう、山田さんに初めて会いました。
{あの /*その} 人随分変わった人ですね。

*y*：{あの /*その} 人は変人ですね。　（久野 1973）

b. *x*：昨天，我第一次见到了山田先生。
{他这人 /他那人} 可真是怪。

*y*：{?这人 /?那人 /他} 是个怪人。

例（62）a では、話し手は「あの」を用いて「長期記憶領域」内の指示対象を直接に指している。話し手は、「山田」が聞き手と共通の知人であると確信しているため、わざわざ文脈指示領域に導入し、「その」で指す必要がないのである。一方、中国語では“这”も“那”も用いることができるが、ニュアンスが異なる。すなわち、(62)b では、“这”を使えば山田さんという人物全般についての一般的・抽象的評価となるが、“那”を用いると、たとえば、昨日の山田さんの具体的な行動を思い浮かべながらの指示となる。つまり、“这”は何の限定もされていない談話記憶内の対象を指示し、“那”は言語文脈にある限定された対象を指示するのである。

更に次の例も類例であるが、“这”を使えば「ドラえもん」というアニメ一般を指し、“那”であれば昨日見たドラえもんに限定した解釈がなされる。

(63) a. $x$: 昨日のドラえもんは、よかったね。
　　　$y$: うん、{あの /*その}アニメはおもしろいね。
　　b. $x$: 昨天看的　机器猫　真不错。
　　　　昨日見た　ドラえもん　すばらしい
　　　$y$: 是啊，{那 /这}个动画片　是　很有意思。
　　　　うん　{あの /その}アニメは　です　とてもおもしろい

ここまでを簡単にまとめると、“这”は何の限定もされていない談話記憶内の対象を指示するが、“那”は話し手の長期記憶領域にある対象を指示する場合と、言語文脈にある限定された対象を指示する場合とがあると言うことになる。

つぎに問題となりうる例を見てみよう。(64) (65) は二人が顔を合わせてすぐの「いきなりの発話」である。

(64) a. $x$: 君、あの件は片付けたかい。

*y*: はい、片付けました。

（堀口 1978）

b. *x*: 诶，{*这 /那 }件事　解决了？

*y*: 是的，解决了。

(65)　a. *x*: あの料理はうまかったですね。

*y*: ええ、{あれ/*それ}はどこのレストランにも負けませんよ。

（金水・田窪 1992: 145）

b. *x*: 那道菜做得还真不错。

*y*: 是啊，{*这 /那} 家餐馆可是不输给任何一家的啊。

高度な語用論的前提があれば、(64)(65) のような先行文脈がない例も稀に存在する。日本語で「ア」が用いられているのは、ここでは文脈はただの引き金であり、指示対象は話し手の長期記憶領域にあることは明らかである。一方、中国語では、この会話の指示対象は言語文脈にある概念的なことではなく、話し手と聞き手の長期記憶の中で具体的に限定されている。したがって、“这”ではなく、“那” が用いられる。

さて、日本語の「ア」は実際に情報が共有されていることばかりではなく、自分が提供する情報に基づいて、聞き手に同じ状況を思い浮かべて欲しい、記憶を共有したいという話し手の思いを表現することもできる。Yoshimoto(1986)によれば、下の例文では、話し手 B は A が指示対象を知らないことを知っているにも関わらずアを使っており、聞き手の知識を考慮することなく、ア系が用いられている。

(66)　a. *x*: *y*さんが芸能界に入ったのはどんな時代でしたか？

*y*: あの頃は浅草オペラの全盛時代でしてね。

b. *x*: *y*先生进入演艺圈的时候是怎样的时期啊。

y：{*这 /那} 时候是浅草歌剧的全盛时期。

(67) a.x：この本、ミラーという人が書いたそうなんですが、どこの人ですか？

y：君、あの先生を知らないのか？

b.x：这本书，听说是一位叫米拉的人写的，他是哪里人啊？

y：{ 你连{这 /*那} 个人都不知道？
你不知道{这 /*那} 个人？

Yoshimoto は、(66)a、(67)a はアが話し手・聞き手の知識に共有されている時に用いられることを利用したレトリック的表現であって、アの基本的用法そのものには変わりがないと主張しているが、話し手は自分の長期記憶の中にある指示対象を言語文脈に直接導入していると考えれば、無理なく説明できる。

これに対し、中国語の場合、日本語と同様に共有知識は不要であり、(66)b で“那”が用いられているのは、長期記憶領域の事を指示しているからである。一方、(67)b で示したように、日本語ではアを用いて自分の長期記憶領域に存在する対象を指示するのに対し、中国語では“这”を用いて文脈上の「ミラー」を指示する。中国語では、“那”系指示詞は日本語のア系より使用範囲が狭く、過去の直接経験として出会った対象を指示するのに用いられる。したがって、中国語では「ミラー」という人を、談話記憶領域にある対象として指示する。さらに、“连”“都”などの表現と共起すれば「君、あんなに有名な先生も知らないの？」という驚きの気持ち、また皮肉なニュアンスが生じ、「誰でも知っている先生」という意味を表す。

6.3.2.2.1 那—ア

ここで取り上げるのは、小説などにおいて流れのある時点に描出済みの過去の出来事などを挿入したりする場面である。(68) では、指示対象は両者が共有する知識である。ジャック・ロンドンの話が文脈領域に導入され、またその話は既に知っているため、長期記憶にも対応物が形成されている。(69) は「思い入れ」の場面である。つまり、話し手は頭の中で、その尖った毛先のブラシを思い浮かべながら、発話している。このように、過去の経験など長期記憶領域に形成された対応物は、話し手自身の領域から離れているものと見なされ、遠称の“那”が用いられる。

(68) a. 我只好苦笑，不再说什么。可是一没人和他下棋了，他就又问我:“嗯？再讲个吃的故事？其实杰克·伦敦那个故事挺好。”我有些不高兴地说:“那根本不是个吃的故事，那是一个讲生命的故事。你不愧为棋呆子。”

b. ぼくは苦笑するだけで、口をつぐんでしまったものだったが、その後、将棋の相手がいなくなると、彼はすすんで切り出した。「ねえ、ほかにも物を食うことを書いた話があるかね。ああは言ったけど、ジャック・ロンドンのあの話、なかなかよかったよ。」ぼくはぶすっとした顔で言ってやった。「あの小説のテーマは本来、食うことではない。人の命をテーマにしたものなんだ。君はまったくの将棋馬鹿だよ。」

(『チャンピオン』)

(69) a. 她回答了吗？不记得了，好像是没有回答，只是一遍一遍地用刷子刷手。那小刷子好像是新换上的，一根根的鬃毛尖尖的，刺得手指尖好疼啊！

b. それに対して答えただろうか？全く憶えがない。どうも返答しないままにブラシで手を洗っていたようだ。あのブラシは新しいものと交換してあったらしく、尖った毛先が指先を刺して痛かった。

（『北京の女医』）

以上の例文でわかるように、中国語の“那”系指示詞は、日本語のア系指示詞と同様に話し手の「過去の直接経験」を指し示すことができる。

6.3.2.2.2 那—ソ

しかし、中国語の“那”系指示詞は、すべてア系指示詞と対応するとは限らない。次の例（70）（71）が見られたい。

（70） a. 袁小彬一条腿蹬在磨盘上，身旁卧着“玩主”。“玩主”是我们养的狗。数我照得浪漫些，抱着我的牛犊子。那牛犊子才出世四天，我记得很清楚。

（《我的遥远的清平湾》）

b. 袁小彬が片足を挽き臼にかけ、そばに「玩主」が寝そべっている。「玩主」はわれわれの飼っていた犬だ。私は少々ロマンチックに小牛を抱いて写っている。その小牛が生まれて四日目だったことをはっきり覚えている。

（71） a. 三爷又道：“想当初你哭哭啼啼回家来，闹着要离婚，怪只怪我是个血性汉子，眼见你给他打成那个样子，心有不忍，一拍胸脯子站出来说：好！我白老三虽穷，我家里短不了我妹子这一碗饭！”

（《倾城之恋》）

b. 三旦那がつづけて言った。「思えば、はじめおまえが泣きの涙で家に戻って離婚したいと騒いたときに、わしは血の気が多いもんだから、その哀れな様子にほだされて、ポンと胸をたたいて言ってしまったんだ 。『よしっ、この白の三旦那、貧たりとはいえ、手前の家で妹にひもじい思いをさせたりせんぞ』ってな。」

（70）では、「その子牛」は前方文脈「私は少々ロマンチックに小牛を抱いて写っている」にある「子牛」を、また（71）では、「その哀れな様子」は前方文脈の「はじめおまえが泣きの涙で家に戻って離婚したいと騒いた」様子を指している。つまり、日本語では、前文で導入された概念的な対象をソで指し示している。中国語でもこのような文脈で同様に"那"系指示詞を用いることができる。

次の例でも、指示対象は過去の経験ではないが、"那"で示されている。ここでは指示対象は長期記憶領域にあるというよりは、言語文脈にあるとすべきであろう。

（72） a. 在课堂里许倩如和琴同坐在一张小书桌后面。一个将近五十岁的戴了老光眼镜的国文教员捧着一本《古文观止》在讲台上讲解韩愈的《师说》。……如果不是在课堂里的话，她真想去拥抱琴了。她把眼光往讲台上一扫，看见那个国文教员正背转身子在黑板上写字，便把嘴放在琴的耳边低声说：……

（《家》）

b. 教室の中では許倩如は琴とちょうどひとつ机に坐っていた。五十に手のとどく、老眼鏡をかけた国文の教師が「古文観止」を捧げるようにもって、教壇で講義をしている。［中略 4頁］もし教室の中でなければ、琴を抱いてやりたいと思った。彼女が教壇に眼をやると、その国文の教師は背を向けて黒板に何やら書いているので、口を琴の耳にあてて低くささやいた。［後略］

また、例（73）の会話の場合、相手の提供した情報は当然のことながら話し手個人の領域ではなく言語文脈領域にあり、"那"

で指示される。

(73) a.（徐太太道：）“找事，都是假的，还是找个人是真的。”
（流苏道：）“那怕不行。我这一辈子早完了。”
（《倾城之恋》）

b.「仕事を探すのは仮のこと、やっぱり人を探すのが本当よ。」
「それは無理ですわ。あたしの一生はとっくに終わってしまったんです。」

6.3.2.2.3 那—コ

“那”がコに対応する実例はあまり見られない。例(74)と例(75)では、それぞれ「場所」“滨海城市”と「第一人称以外の登場人物の体の一部」“神经质的样子”が指示対象となる。

(74) a. 倪吾诚就这样在一九四三年五月死而复生，缺乏医学根据地离开了北京。(中略)。后又辗转于山东、河北，最后栖息于胶东半岛。在临海的一个学校当教师、当校长。山中无老虎，猴子称大王。在那个滨海城市，倪吾诚俨然学界一人物。离京后的倪吾诚，性格发生了一些变化。他更重实惠，重享乐，而轻道义，轻廉耻。
（《活动变人形》）

b. 倪吾誠はかくて一九四三年五月、死して再び蘇り、医学的根拠も不明のまま北京を去った。(中略)。山東、河北を転々とした後、膠東半島に居つき、海に臨むとある学校で教師となり校長となる。この海浜の町では倪吾誠もいっぱしの学者で、文字通りお山の大将であった。北京を離れてからの彼は性格も少し変わってより実益と享楽に傾き、道義と恥辱を軽んじた。

(75) a. 不管是阿彻还是琉璃子，他们那种神经质的样子，那种眼泡，简直和院长一模一样。

b. 徹くんにしろ、ルリ子ちゃんにしろ、何かこう神経質な感じや、はれぼったいような眼なんか、院長そっくりじゃありませんか。

(『氷点』)

例 (74)b の「コ」は金水・田窪 (1999) で「視点遊離のコ」(第5章 p. 68 参照) と呼ばれているものである。小説や体験談など、時間の経過とともに出来事が推移していくような文章に現れるもので、ここでは言語文脈に導入済みの場所を、主題として談話記憶領域から再導入するに当たり、コを用いて訳したものである。これに対して中国語の原文 (74)a では、指示対象はあくまで文脈に導入済みのものとして、“那” が使われている。

例文 (75)b の「こう」は何か指示をすると言うよりも、言いよどみかフィラーに近いと思われるが、中国語の “那” は話し手の長期記憶にある「神経質な様子」を指示している。

このように、同様の事態であっても、日中の翻訳では異なる視点で捉えられている。

### 6.3.3 まとめ

本研究では、談話モデルを用いて、日本と中国語の指示詞の使い分けを検討した。その結果、次の相違が有ることが明らかとなった。

以上から、中国語指示詞を次のように纏めることができる。

“这”: 話し手の談話記憶領域にある指示対象を指示する。

“那”: 話し手の談話記憶領域以外にある指示対象を指示する。

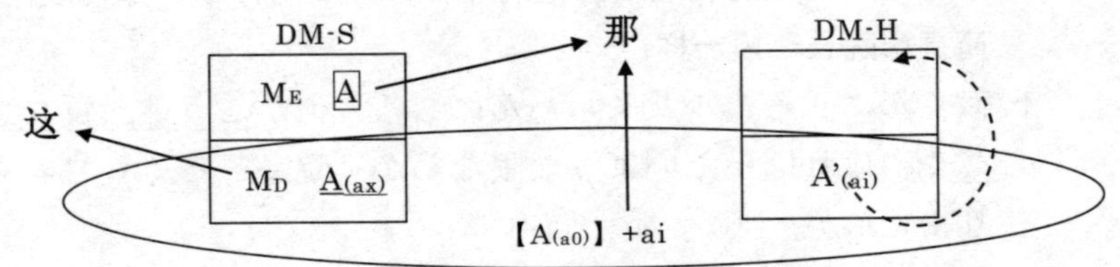


図 5 文脈指示用法における中国語指示詞の談話モデル

まず日本語では、話し手が談話記憶領域から言語文脈領域に情報を導入する際、言語文脈領域に限定されていれば「ソ」、談話記憶領域から再導入されていれば「コ」が用いられる。また話し手が長期記憶領域から言語文脈領域に導入する場合には、指示対象は「ア」で指示される。

一方中国語では、話し手の談話記憶領域にある対象は"这"で、その以外は"那"で指示される。したがって、大まかには日本語の「コ」は"这"に、「ソ」と「ア」は"那"に対応すると言うことができるが、次のような違いも見られた。

① 指示対象が言語文脈導入直後であれば、談話記憶領域にあるものとして、"这"で指示することができる。
② 話し手自身が談話記憶領域から導入した指示対象は"这"で指し示すのが一般的である。
③ 過去のでき事は日本語ではエピソード記憶として長期記憶領域に入れられるが、中国語では、でき事の直後であれば、談話記憶領域に残りやすく、"这"が可能。
④ 日本語は指示対象に関する情報を増やさない限り、長期記憶領域にある指示対象は最初から最後まで「ア」を一貫して用いることができるのに対し、中国語では最初は長期記

憶指示から始まっても容易に談話記憶に転換できる。

⑤“那”系指示詞は日本語のア系より使用範囲が狭く、過去の直接経験として出会った対象を指示するのに用いられ、出会ったことのない指示対象には、談話記憶領域にある対象として“这”で指示する

## 6.4 本章のまとめ

現場指示用法における日中指示詞の使い分けは次のようにまとめることができる。

コ：話し手（S）の個人領域内にある事物を指す。

ソ：話し手（S）と聞き手（H）を含む会話領域内にある事物を指す。

ア：会話領域内から、領域外にある事物を指す。

这：話し手（S）の個人領域内にある事物を指す。

那：話し手（S）の個人領域外にある事物を指す。

また、文脈指示用法における日中指示詞の使い分けは次のとおりである。

コ：談話記憶領域にある指示対象をさす。

ソ：言語文脈領域に導入されることによって再構成された指示対象をさす。

ア：長期記憶領域にある指示対象をさす。

这：話し手（S）の談話記憶領域にある指示対象を指示する。

那：話し手(S)の談話記憶領域以外にある指示対象を指示する。

したがって中国語の現場指示用法と文脈指示用法の指示詞は以下のようになる。

**表 2 “这”“那”の指示領域**

| 这 | 話し手領域内 |
|---|---|
| 那 | 話し手領域外 |

# 第７章　日韓指示詞の対照研究

本章では、韓国語指示詞について日本語指示詞と比較しながら考察を行う。まず従来の日韓両言語の対照研究を確認した後、現場指示用法と文脈指示用法に分けて、それぞれについて考察を行い、本研究での仮説を提案する。最後に日韓指示詞の共通点と相違点をまとめる。

## 7.1 はじめに

表１で示したように、日韓両言語における指示詞は、近称・中称・遠称という用語の用いられ方や、日本語も韓国語も「コ・ソ・ア」「이 (i)、「그 (ku)、저 (ce)」という３項指示体系（表 1）を持つことなど、両指示体系は非常に類似している。また日本語や中国語と同様に、韓国語の指示詞にも現場指示用法と文脈指示用法がある。

表１ 日韓言語の指示詞の形態的分類

| | 日本語 | 韓国語 |
|---|---|---|
| もの | これ / それ / あれ（代名詞） | 이것 ikes / 그것 kukes / 저것 cekes |
| 場所 | ここ / そこ / あそこ（代名詞） | 여기 yeki / 거기 keki / 저기 ceki |
| 方向 | こちら / そちら / あちら（代名詞）<br>こっち / そっち / あっち（代名詞） | 이쪽 iccok / 그쪽 kuccok / 저쪽 ceccok |
| 人 | こいつ / そいつ / あいつ（代名詞） | 이놈 inom / 그놈 kunom / 저놈 cenom |
| 性状 | こんな / そんな / あんな（形容動詞的）<br>こんなに / そんなに / あんなに（副詞的） | 이런 ilen / 그런 kulen / 저런 celen<br>이렇게 ilehkey / 그렇게 kulehkey / 저렇게 celehkey |

續 表

| | 日本語 | 韓国語 |
|---|---|---|
| 様子 | こう / そう / ああ（副詞的）<br>こういう / そういう / ああいう（形容詞的） | 이러한 ilehan / 그러한 kulehan / 저러한 celehan |
| 指定 | この ~/ その ~/ あの ~（連体詞）<br>このような ~/ そのような ~/ あのような ~（形容的）<br>このように ~/ そのように ~/ あのように ~（副詞的） | 이 i / 그 ku/ 저 ce<br>이와 같이 iwakathi / 그와같이 kuwakathi / 저와같이 ce-wakathi<br>이처럼 ichelem / 그처럼 kuchelem / 저처럼 cechelem |

一見すると同じ体系を持つ日韓の指示詞であるが、指示領域によって､使い分けに影響する要因が異なることがある。以下では、日韓両言語を対照することにより、談話モデル理論を検証しながら、日韓指示詞の共通点と相違点を詳しく見ていくことにする。

## 7.2 現場指示用法

### 7.2.1 先行研究とその問題点

この節では、両言語における現場指示の指示詞を対照の観点から扱ったもののなかで、本研究と深く関わるものを重点的に取り上げることにする。

**梅田（1973）**

梅田は、日本語のコ・ソ・アが具体的な事物を指し示す際に用いられる場合のそれぞれの領域範囲は、近称・中称・遠称という距離の遠近による違いに基づくのに対し、韓国語の이 (i)・그 (ku)・저 (ce) は、第一人称者の領域にあると認められる場合に이 (i)、第二人称の領域に属すると認められる場合に그 (ku)、そのいずれにも属さない場合に저 (ce) を使うと述べ、日韓指示詞の使い分けの原理について説明している。また、話し手と聞き手

からほぼ等距離にあり且つこの両者の距離ほど両者から離れている物体は、日本語ではソと表現されるが、韓国語では저 (ce) によって指示されるという。

つまり、日本語においては「中距離のソ」系が認められるが、韓国語の場合は「聞き手領域のユ(ku)」系があるのみで、「中距離のユ(ku)」系の用法はないとされている（田村 1978；梅田 1982；申 1985；宋 1991；金 2000）。しかし、金（2006）では、韓国語においても中距離の用法が観察されると指摘し、次のような例を挙げている。

(1)【話し手 Aが聞き手 Bのバスターミナルの職員に質問している。A と Bが向き合っており、彼らの右側、およそ 1.5メートル位離れた所にバスが一列で停車している。】

A: acessi,　kanglung-eyse　ahop-si　isip-pun-ey
　おじさん　カンヌン-から　9-時　20-分 -に
　chwulpal-han　pesu　tochak-hayss-eyo?
　出発 -した　バス　到着 -過去 -待遇
　カンヌンから 9時 20分に出発したバス、到着しましたか。」

B: (バスの方を見て、バスを顎で指しながら)
　Ke[2], tochak-hayss-canhayo.
　そこ　到着 -過去 -待遇
　「そこに到着したじゃありませんか。」

(金 2006:52)

例（1）では、韓国語と日本語において、話し手から近くも遠くもない地点を話し手と聞き手が同じ方向から肩を並べて眺めて

[2] 거 ke は거기 keki「そこ」の縮約形である。

いる場合に、中距離指示のソ系及びユ（ku）系が使われることを示している。また金（2006）は、韓国語と日本語の両言語において中距離指示用法の出現には次の二つの条件が揃わなければならないと指摘している。

条件一：指示対象を指し示す際には、指示対象を見つめるか、指か顎で指すなどの指差し行為を伴う。

条件二：指示対象は、話し手と聞き手から等距離に位置し、かつ両者から非近で非遠場所に存在する。

以上から見れば、韓国語のユ（ku）系指示詞は従来の「聞き手領域のユ（ku）」のみならず、「中距離のユ（ku）」の機能も持つため、ユ（ku）系指示詞の指示領域を新たに設定する必要があると考えられる。

**田村（1978）**

田村は梅田（1973）の見解のうちの一部に異議を唱えつつ、両言語の文学作品の翻訳例における指示詞の対応のずれに着目し、日韓指示詞の相違点について論じている。この相違点について特に注目すべきことは、日本語では、人・物に関係なく聞き手近くにあれば聞き手の領域と認めてソを用いるのに比べて、韓国語においては、人（対座している聞き手の側近くにいる未知の人の場合）か物かで使い分けをして、人であれば話し手・聞き手共通と認めて이（i）を、物であれば聞き手の領域と認めてユ（ku）を用いるという。また、宋（1991）も同様に、現場指示における対立型の場合、聞き手領域にあっても指示対象が人であれば、例（2）のように近称が用いられると指摘する。

(2)【対座している姉の隣近くに未知の人がいるとき】

a. 弟：その方はどなたですか。

姉: あー、この方はね、私の高校時代の先生。

(宋 1991:143)

b. 弟: I-pwun-un　nwukwu-seyyo?
この方 -は　どなた -ですか
姉: A—,　i-pwun-un　na-uy　kokyosicel-uy
あ　この方-はね　私-の　高校時代 -の
sensayngnim.
先生

しかし、この例文では、日本語でも「この方はどなたですか」とも言え、むしろこのほうがより自然である。つまり、指示対象が人か物かは日韓指示詞の選択に影響を与えるが、指示詞の領域を決定する根本的な要因ではない。

**梅田（1982）**

梅田は、韓国語の그 (ku) の指示する範囲は이 (i) が指し得る範囲よりずっと狭く、またこの그 (ku) は日本語のソが指し示す範囲よりも一層限定され明らかに聞き手の領域であると認められる場合にのみ使われるが、話し手からも聞き手からも遠く離れたもの、話し手または聞き手の領域から少し外れたところにあるもの、日本語のアで指示するには近すぎるところにあるものを指示するには저 (ce) が用いられると述べた。また対話において、話し手が저 (ce) で指示したものに対しては、聞き手は그 (ku) で受けて言うのが普通であるが、聞き手が改めて対象を具体的に指示しなおして言う場合には저 (ce) でも受けて言えると指摘している。例文を挙げよう。

(3)【$x$と$y$が離れたところにある建物について話す】

a. x：あの建物は何ですか？

y：{あれ/*それ}は国会議事堂です。

b. x：{Ce/*Ku} kenmwul-un mwues-ipnikka?

あの 建物-は 何-ですか

y：{Cekes/Kukes}-un kwukhoyuysatang-ipnita.

{あれ/それ}-は 国会議事堂-です

また、梅田は聞き手はユ(ku)で受けて言う場合は、文脈内指示の用法と同様、一度言及されたものはすべてユ(ku)によって受けるという照応規則が存在することによるものと説明した。では、なぜ日韓指示詞にはこのような相違点が見られるのであろうか。本研究では、この違いを談話モデルで説明できることを示したい。

**金（2006）**

金は、韓国語と日本語指示詞において、現場指示用法が人称概念によって説明できる場面（人称区分指示）と距離概念によって説明できる場面（距離区分指示）が共存しているという立場で、日韓指示詞の共通点と相違点の分析を行った。

まず、話し手と聞き手の人称の対立の際に現れるコ系とソ系、이(i)系とユ(ku)系の用法の中でも指示詞の感情性という側面に着目し、今まで取り扱われることの少なかった指示詞の感情的直示用法と指示詞由来の間投詞を対象にして、指示詞の人称原理がどのような形で現れるのかについて考察し、次の二点を明らかにした。一つ目は、近称・中称・遠称の選択原理には話し手の指示対象に対する関与の度合い、心理的距離という要素が存在する、という点である。二つ目は、両言語において中称と遠称の指示詞が罵り言葉を修飾する際は意味に違いが生じる、という点である。

例えば、(4) のように、日本語では中称のソ系が罵り言葉を修飾することができないのに対し、韓国語では그 (ku) 系で罵り言葉を修飾することが可能であり、話し手からの心理的距離感を表すことができる。また (5) (6) のように、日本語では遠称のア系が罵り言葉を修飾する時は物理的に離れた地点を指す必要があるのに対し、韓国語ではたとえ罵る対象が目の前にいても저 (ce) 系を使うことができる。

(4)【話し手が喋っている途中で、聞き手がそれを無視し突然その場から去って行くと、その背中を向かって】

atta, ko kasina, way mal-ul cwungkaney ssaktwuk
あ　その　小娘　なぜ　言葉－を　途中で　すぱっと
kkunhko kulentanya?
切って　そうするのか
「あ、あの小娘、何で人の言葉の途中で、すぱっと遮ったりするのかな。」

(5)【自分からかなり離れている聞き手に向かってつぶやく】
あの馬鹿が…。

(6)【自分の前を通り過ぎ、去って行く娘の背中に向かって】
ai…, cenom-uy kicipay….
あ　あいつ－の　小娘
「もう…、あの子ったら…。」

次に、距離区分指示においては従来の研究で議論の多かった中距離指示用法の存在と出現条件について考察し、韓国語にも中距離用法が存在するということを示す過程では、日本語のソ系の方が韓国語の그 (ku) 系よりも話し手から離れた地点まで指示でき、韓国語の그 (ku) 系は話し手を中心にピンポイント的に狭い範囲

内の地点しか指せないということを示した。

しかし、人称区分における「心理的距離」は、発話者の意識の有様を問題とするもので、現実の話し手・聞き手の場面上の位置関係によって定められる客観的なものではない。また、日韓指示詞の使い分けをより明確に定義するには、「人称区分」と「距離区分」を統一させるべきであると考える。

### 7.2.2 発話現場の分割

以上の先行研究で見てきたように、現場指示用法において、韓国語指示詞と日本語指示詞は一見体系が類似しているようだが、指示詞の使い分けが異なっている点も見られた。日韓指示詞の共通点と相違点をより明らかにするため、本研究では、日本語と同様に、韓国語の現場指示の使い分けには話し手の「個人領域」、話し手と聞き手を含む「会話領域」を分け、韓国語の指示詞は次のようにまとめる。

(7) 이 (i)：話し手(S) の個人領域内にある事物を指す。
　　그 (ku)：話し手(S) と聞き手(H) を含む会話領域内にある事物を指す。
　　저 (ce)：会話領域内から、領域外にある事物を指す。

以下、韓国語の指示詞を日本語と比較しながら検討するが、이 (i) 系と저 (ce) 系はほぼ日本語の「コ」「ア」に対応するので、7.2.2.1 節で簡単にまとめておく。7.2.2.2 節では그 (ku) 系指示詞と「ソ」系の類似点と相違点を詳しく見ていく。

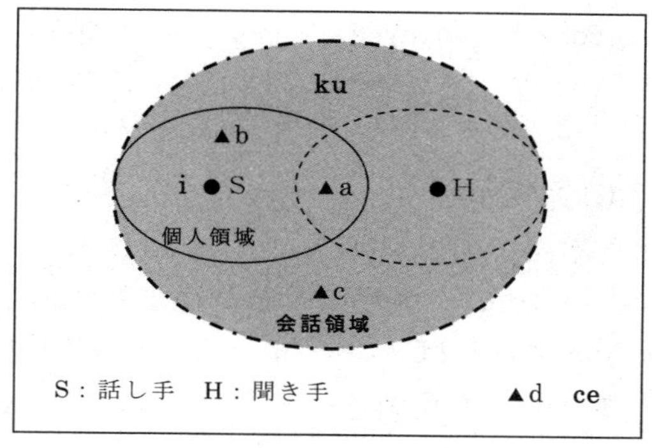


注：　a→両者の i　　b→話し手の i
c→両者（中距離）の ku　d→両者の ce

**図１ 韓国語における発話現場の分割**

### 7.2.2.1 이 (i) 系と저 (ce) 系指示詞

(8) の独話の例では、本が話者自分の近くにあれば「コ / 이 (i)」を、遠くにあれば「ア / 저 (ce)」が用いられる。また (9) は話し手と聞き手が並んでいる場合であって、両者に近ければ「コ / 이 (i)」を、遠ければ「ア / 저 (ce)」を用いる。従って日韓指示詞の選択は一般に、(8) と (9) のように話し手からの距離が重要な判断基準となる。この点で両言語に大きな違いはないが、7.2.4 節で詳しく見ることにする。

(8)【机の上にある本を指して】

a. {これ/あれ} 誰のだろう？

b. {ikes/cekes}　nwukwu-kes-ilkka?

{これ/あれ}　誰 -の -だろう？

(9)【市場で友達と品物を選ぶ時】

a. これがいい？それとも、あれがいい？

b. Ikes-i　coha？　animyen,　ceke-i　coha?

これ-が　いい？　それとも、　あれ -が　いい？

### 7.2.2.2 ユ(ku) 系指示詞

韓国語でも日本語でも、(10) のように話し手と聞き手が対立した場合、「ソ / ユ (ku)」が登場する。つまり、指示対象が話し手自分の個人領域にあれば「コ / 이 (i)」を、相手の個人領域にあれば「ソ / ユ (ku)」を用いる。

(10)【xが本を手にとって】

a. x：これはタイ語の辞書ですか？

y：いえ、それはカンボジア語の辞書です。これがタイ語の辞書です。

b. x：Ikes-un　thaykwuk　sacen　ipnikka?

これ-は　タイ語　辞書　ですか？

y：Anio kukes-un　khampotia　sacen　ipnita.

いえ それ -は　カンボジア語　辞書　です

Ikes-i　thaykwuk　sacen　ipnita.

これ-が　タイ語　辞書　です

このように、「ソ / ユ (ku)」の基本用法はほぼ共通していると言うことができるが、全く同一というわけでもない。以下、中距離の「ソ / ユ (ku)」、話し手の後ろの「ソ / ユ (ku)」、不定の「ソ / ユ (ku)」に分けて、検討する。

#### 7.2.2.2.1 中距離のソ系とユ (ku) 系

「ソ / ユ (ku)」の指示対象は発話の現場にさえあればよく、かならずしも聞き手のそばにある必要はない。しかし韓国語では発話の現場、すなわち会話領域が日本語よりも狭いようである。このことは次の（11）（12）と（13）のように、指示物が発話の現場から徐々に離れていく連続的な例文から明らかである。

(11)【ある会社の入社試験の面接の場面で、審査委員たちがいま右手のドアから入ってきた受験者に対し、受験者と審査委員から同じくらいの距離の前方に置かれている椅子を指しながら】
a. そこに座りなさい。
b. Keki-ey　anc-usi-o.
そこ-に　座る-待遇 -勧誘
（金 2006: 52）

(12)【肩を並べている二人が手の届くより少し離れた所にあるカバンを指して】
a. そのカバン忘れ物かね。
b. {*Ku/ce}　kapang　ilhepelinmwulken-inka.
{その /あの}　カバン　忘れ物 -かね。

(13) a. 乗　客: {そこ/あそこ} の煉瓦色の建物の前で止めてくれ。
運転手: {そこ/あそこ} の大きな建物ですね？
（正保 1981の例文を一部改編）
b. 乗　客: {*Keki/ceki}　pyektolsayk　kenmwul　aph-ey
{そこ /あそこ}　煉瓦色　建物　前-で
seywecwe.
止めてくれ
運転手: {*Keki/ceki}　khun　kenmwul　malipnikka.
{そこ /あそこ}　大きな　建物　ですね

図２で示したように、例文（11）では、両者の間にある物が

話し手の領域外にあるため、「ソ／ユ (ku)」で指し示されている。これに対し（12）では、指示物が両者よりやや離れたところにあり、韓国語では「ユ (ku)」ではなく「저 (ce)」が使われることから、韓国語は日本語より発話現場が狭いことがわかる。更に（13）のように、指示物が完全に離れた所にある場合、両言語ともに遠称「ア／저 (ce)」で指示されるが、日本語のみ、ソ系も可能である。

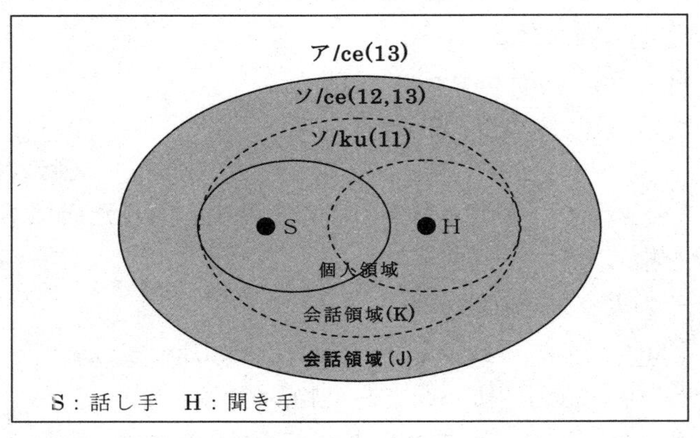


図 2 中距離のソ系と ku 系

7.2.2.2.2 話し手の後ろのソ系とユ (ku) 系

日本語では、「話し手の後ろのソ」は会話領域内、話し手領域外にあると見なされている。これに対し、韓国語の場合は話し手の後ろにあるものを「ユ (ku)」で指すことができないという点で日本語と異なる。

(14)【話し手と聞き手とが、部屋の中で、立ち話をしているとき、話し手が手を後ろへやって、机を指しながら】

a.「その机を、ごらん」（高橋 1956:56）
b. {Ce/i/*ku}　　chayksang-ul　pwa
{あ/こ/*そ}の　机-を　　　　ごらん

具体的には、話し手に近いものは「이 (i)」系、離れているものは「저 (ce)」系で指し、またその中間にあるものは「ikes-uy twi（この後)」か「cekes-uy aph（あの前)」で表す。このことは梅田（1991)、金（2006）でも観察されている。金（2006:59）では、韓国語の場合、中称のソ系を使う代わりに「～の後」「～の前」という表現が使われるということは、吉田（2000:195）の次のような説明と通じると述べている。

「(…) 指示詞は、それが指す事物や場所が他の事物や場所とどのような配置で並んでいるか、つまり、事物や場所同士の空間的位置関係を表わしているということである。その意味で指示詞は『…の前』のような空間表現と同じ種類の語彙である。」

つまり、韓国語の場合は話し手の後ろにある、話し手から中距離にある地点を指す指示詞を持たず､その代わりに「～の後」「～の前」のような空間表現で済ませているということが考えられるという。

以上を纏めると、話し手の後ろにある地点を指す用法では、日本語の場合は話し手の後ろにある中距離の対象物をソで指し示すのに対し、韓国語の「ユ (ku)」にはそのような指示用法が存在せず、「～の前」「～の後」のような空間表現で表す。

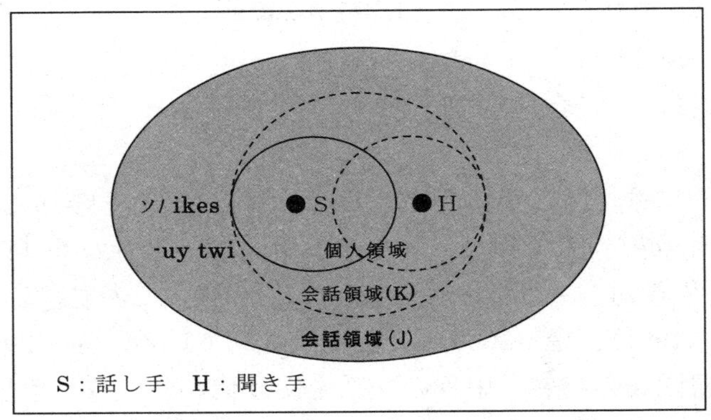


図 3 話し手後ろのソ系と ku 系

7.2.2.2.3 不定のソ系とコ (ku) 系

以下の例のような日本語の不定のソに対し、韓国語では多様な訳がなされることがある。韓国語では日本語の不定のソに当たる指示詞が存在しないので、「이 (i)」や「저 (ce)」、及びその意味に近似した表現を用いざるを得ないからであろう。

(15) a.「そこまで出かけよう」と、父は言った。　　　(『挽歌』)

b. I　kunche-ey　nakapoca-ko,　apeci-nun　malhayssta.

この　近く-に　出かけよう-と　父-は　言った

(16) a. 最近のアイドルの歌手はそのへんにいる女の子と変わらない。

(金水 1990)

b. Choykun　inki　kaswu-nun　ceki-issnun

最近　アイドル　歌手-は　あそこに-いる

yeca-ai-wa　talucianhta.

女の-子-と　変わらない

(17) a. 裸電球の暗い影がそこらに散らばっているセメントの袋や

こわれた実験用の机や薬のはみ出た椅子の集積に落ちていた。

（『海と毒薬』）

b. Kacenkwu-uy　etwuwun　kulimca-ka　koskos-ey
裸電球-の　暗い　影-が　方々-に
huthecye-issnun　simeynthu-uy　calwu-wa　kkaycin
散らばって-いる　セメント-の　袋-や　こわれた
silhemyong-uy　chayksang-kwa　yak-eyse　naon
実験用-の　机-や　薬-から　はみ出た
uyca-uy　cipcek-ey　ttelecye-issessta.
椅子-の　集積-に　落ちて-いた

上の例の「ソ」が指示しているのは、明らかに話し手と聞き手のどちらにとってもそれほど遠くない場所にある。すなわち、ここで「ソ」が用いられているのは、我々にとって空間的にはそれほど遠くないと判断されるということ（中距離のソと話し手後ろのソ）と、話し手がその場所を空間的に我々の近くにある（不定のソ）と判断するということによるからであろう。これに対して韓国語では、「指示対象は、話し手と聞き手から等距離に位置し、かつ両者から非近で非遠場所に存在する」という前提で「中距離のユ（ku）」が用いられるため、日本語指示詞のような「話し手後ろのソ」や「不定のソ」などにあたる指示詞が存在しないのである。つまり、韓国語の「ユ（ku）」系の領域は日本語のソ系の領域より狭いことから、韓国語では発話現場の会話領域は日本語より狭いことになる。

### 7.2.3 絶対空間と時間を表す現場指示

この節では実体のない指示対象の中で「絶対空間」を表す言葉、例えば「ここ」「こちら」「この国」などについて日本語と比較しながら見ていく。

(18) chwulyenca-ka　sichengca　aph-eyse　paci-lul
出演者-が　視聴者　前-で　ズボン-を
naylinun　i　echekwuniepsnun　sathay-ey
下ろす　この　あきれる　事態-に
tayhayseto　chwulyenca-lul　cingkyey-hal　mattanghan
対しても　出演者-を　懲戒-する　ふさわしい
cohang-cocha　pangsongpep-ey　epstanun-kesi
条項-さえ　放送法-に　ない-ことが
i-nala-uy　silceng-ita.
この-国-の　実情-である

(2005.8.1『朝鮮日報』)

「出演者が視聴者の前でズボンを下ろすこのあきれる事態に対しても出演者を懲戒するふさわしい条項さえ放送法にないことがこの国の実情である。」

(19)【南半球にいる友達に電話で話しながら】
Keki-nun　pelsse　kyewul-ikeysskwuna.
そこーは　もう　冬ーであろう
Yeki-nun　icey　yelum-i　toylyehanunte.
ここーは　これから　夏ーに　なろうとするのに
「そっちはもう冬だろうね。ここはこれから夏になろうとするところなのにね。」

(金 2006:128)

例 (18) の「i-nala (この国)」と (19)「keki (そこ)」と「yeki (ここ)」は明確な物理的指示対象に言及しているわけではなく、先行文脈に必ずしも先行詞がある必要もない。また、目で確認で

きる特定の指示対象があるわけでもない状況で、話し手と聞き手の居場所を表している。このような空間を表す現場指示用法では、指示対象である空間は、日本語と同様に話し手と聞き手によって「이 (i)」系と「그 (ku)」系の使い分けが見られる。

一方、(20)(21) のような「絶対時間」を表す現場指示は、話し手と聞き手という人称の区分を越え、同じ時点を生きる個人なら選択の余地なしに与えられる「今」という、発話状況依存的条件の下、話し手中心の「이 (i)」系しか出現しないという点も日本語と同様である。なお、韓国語は日本語と違い、(22) のように絶対時間を表すとき使う「この頃」には指示詞が使われず、「最近」という表現が使われる。

(20) a. これから勉強するところだ。
　　b. Icey-pwuthe　kongpwu-halyenun　chamita.
　　　この時-から　勉強-する　ところだ
(21) a. これまでずっと我慢していた。
　　b. Icey-kkaci　kyeysok　chamassta.
　　　この時-まで　ずっと　我慢していた
(22) a. この頃よく物忘れする。
　　b. Yocum　cal　icepelinta.
　　　最近　よく　忘れる

### 7.2.4 個人領域の決定要因

以上のように、韓国語では、話し手の個人領域にあるものは「이 (i)」、なければ「그 (ku)」で指し示す。また、両者の会話領域外にあるものは「저 (ce)」で指し示すことができる。

さて、この節では、この「個人領域」について考えてみる。第3章で述べたように、日本語における「個人領域」は、相対的距離、聞き手との距離、コントロール性（直接接触）・操作可能性、所有・所属関係などの要因で決定される。ここで、これらの要因が韓国語指示詞とどのような関わりがあるのかを見てみよう。

#### 7.2.4.1 相対的距離

韓国語も日本語と同じく、現場指示の場合、基本的に物理的な距離によるものである。自分より近くのものは「이（i）」、遠いものは「저（ce）」で指し示す。ただしその距離は日本語と同様に、あくまで主観的で相対的なものである。

(23)【夜空の星を指さしながら】

Ikes-i　pwuktwuchilseng-inikka　ce　pyel-i　pwukkukseng-ita.

これ-が　北斗七星-だから　あの　星-が　北極星 -だ

「これが北斗七星だから、あの星が北極星だ。」

(24) a. サムドリのやつは遠くから様子を窺うばかりでいたところへ、アンヒョプチプを番人が連れて行くのを見ると眼をいからせた。

「やや、あいつ虎のサムドリを知らぬとみえる。だが一体どういうつもりなんだ？　やつアンヒョプチプに手でもだしてみやがれ！（略）」（『桑の葉』）

b. “ani　inom　holangi　samtoli-lul

やや　こいつ　虎の　サムドリ-を

molununkesthelem　pointa.　Kulehciman　totaychey

知らぬと　みえる　だが　一体

mwuesul-haleylohanunka. Inom　anhyepcip-ey

どういう-つもりなんだ　やつ　アンヒョプチプ-に

sonilato　naynapwala!”

手-でも　だしてみやがれ

例（23）は、アンヒョプチプとサムドリが他人の桑畑に桑を盗み取りにいったが、アンヒョプチプは番人の男に捕まえられ、サムドリはその場を運よく逃げた後、遠くからアンヒョプチプが連れて行かれるのを眺めて独り言を言う場面である。ここで同じ現場の対象を指示しているのであるが、日本語では話し手が現場の具体的指示対象を物理的距離感から遠いものと認識し、自分の個人領域から除いて遠称の「ア」を用いるのに対し、韓国語では物理的距離よりは心理的距離感から近いものと認識し、近称の「이(i)」を用いている。したがって、（24）のような状況で話し手が指示対象について描き出す場合、日本語では言語場への依存性が高く、物理的距離の要因が優先されるのに対し、韓国語では言語場への依存性がそれほど高くなく、物理的距離より心理的距離のほうが優先される、という点で対照を成している。

このように考えることで、7.2.1節で見た、韓国語では그(ku)系で罵り言葉を修飾することが可能であり、話し手からの心理的距離感を表すことができること、そしてたとえ罵る対象が目の前にいても遠いものとして저(ce)系を使うことができることが説明できる。

(4)【話し手が喋っている途中で、聞き手がそれを無視し突然その場から去って行くと、その背中を向かって】

atta,　ko　kasina,　way　mal-ul　cwungkaney
あ　その　小娘　なぜ　言葉－を　途中で

ssaktwuk　kkunhko kulentanya?
すぱっと　切って　そうするのか

「あ、あの小娘、何で人の言葉の途中で、すぱっと遮ったりするのかな。」

(5)【自分からかなり離れている聞き手に向かってつぶやく】

あの馬鹿が…。

(6)【自分の前を通り過ぎ、去って行く娘の背中に向かって】

ai…, cenom-uy kicipay….

あ あいつ-の 小娘

「もう…、あの子ったら…。」

言語場への依存性に関しては、更に梅田の例文をもう一度見てみよう。

(25=3)【xと yが離れたところにある建物について話す】

a. x: あの建物は何ですか？

y: {あれ /*それ} は国会議事堂です。

b. x: {Ce/*Ku} kenmwul-un mwues-ipnikka?

{あの /その} 建物-は 何です-か

y: {Cekes/Kukes}-un kwukhoyuysatang-ipnita.

{あれ /それ}-は 国会議事堂 -です

例 (25 ＝ 3) の状況においては、話し手と聞き手が遠称の「ア」を用いて会話領域外にある指示対象の指示あるいは提示、照応を行っている。このように、日本語では指示対象が「ア」で指示されたものを受けて指示する場合には「ア」が用いられる。

一方、梅田 (1982) で述べられているように、韓国語では指示対象が「저 (ce)」で指示されているものを受けて指示する時には二通りの表現の仕方がある。一つは文脈指示の「그 (ku)」で一度言語文脈領域に登録した指示対象を指示する場合であり、もう一つは現場指示の「저 (ce)」で指し直す場合である。韓国語の指示詞表現は、談話構造がある程度まで言語場から独立したものとして扱うことが可能で、저 (ce) によって提示された現場に

ある指示対象を文脈指示の「ユ (ku)」で指示することができるのである。言語場に対する依存性が強い日本語とは対照をなしている。

### 7.2.4.2 聞き手との距離

次の例 (26) で示したように、日本語では自分より相手に近いと認識された対象であれば、話者の個人領域にないものとして「ソ」を用いる。同様に韓国語でも、指示対象と聞き手の距離が考慮され、相手の領域にあると認識された対象には「ユ (ku)」を用いる。

(26)【話し手が聞き手のそばに置いてあるバッグを見て発話する。二人の距離は約1メートル】

Ku　kapang　saylo　sa-ss-ni?
その　バッグ　新しい　買う-過去-疑問形
「そのバッグ、新しく買ったの？」

### 7.2.4.3 コントロール性（直接接触）・操作可能性

日本語と同じく、韓国語でも自分が対象に直接働きかける場合、その対象は近称の「이 (i)」で指示される。

(27)　a. 母: ちょっと背中をかいてくれる？
子: どこがかゆいの？ここ？
母: そう、{*ここ /そこ}。　　(井上 2002:20; 一部改変)
b. 母: Com　tung-ul　kulkecwullay?
ちょっと　背中-を　かいてくれる
子: Eti-ka　kalyewe?　Yeki?
どこ-が　かゆいの　ここ

母: Ung keki.
そう そこ

例（27）では、背中は母の体の一部であり、また母のほうがより近いにも関わらず、子は「コ」を用いている。子は母の背中をかくという行為の主体であるため、指示対象は子の領域にあると見なされるからである。これに対し、母は行為の主体ではないので、指示対象を自分のものとせず、相手の領域に属する物と見なし、ソを用いる。

韓国語でも、子は指示対象を自分の領域の物と見なして近称の「이 (i)」を用い、母は「그 (ku)」を用いるのは日本語と同じである。したがって、韓国語でも行為の主体であるかどうかは指示詞選択の重要なパラメータであると考えられる。

さらに、(27) と同一の状況で、話し手が背中に腕を回してかゆい場所を指す場合、日本語でも韓国語でも近称の「コ」「이 (i)」しか使えない。

(28) 母: ちょっと背中をかいてくれる？
子: どこがかゆいの？ここ？
a. 母: ちがう、{*ここ /そこ} じゃない。
(背中に腕を回してかゆい場所を指さす)
{ここ /*そこよ、ここ /*そこ}。
(井上 2002:20; 一部改変)

b. Ani keki aniya.
ちがう そこ じゃない。
(背中に腕を回してかゆい場所を指さす)
Yeki.
ここ

日本語でも韓国語でも、母親は指さし行為についてはその行為主体であり、かつ自分からも近いために、「ソ」や「ユ(ku)」が選ばれる余地はない。

### 7.2.4.4 所有・所属関係

日本語の場合、単に所有しているかどうかよりも、譲渡可能(alienable) かどうかが重要で、譲渡不可能であれば話し手の個人領域に入りやすいと言える。では、韓国語はどうであろうか。

(29)【話し手から 2メートルくらい離れたところで、話し手の妻が、自分たちのこどもを抱いているとする。その妻に夫が話しかける。】

a. {この /??その /*あの} 子、おまえとよく似ているね。

(金水・田窪 1990; 一部改変)

b. {*I/??Ku/*Ce}　ai　tangsin-kwa　manhi　talm-assney.

{この /その /あの }　子　おまえ-と　よく　似て -いたね。

(29) では指示対象が譲渡不可能な所有物であるが、日本語ではコでなければならないのに対し、韓国語では日本語と異なり、譲渡不可能な所有関係があったとしても、話し手の領域には入らない。なお、ここで「その子」「ku ai」というと、譲渡可能な関係を表すため、皮肉なニュアンスが生じてしまう[3]。

## 7.2.5 まとめ

現場指示における日本語と韓国語指示詞の特徴をまとめると図4のようになる。

---

[3] 韓国語では、この場合「我らの子ども (wuliai)」という表現を用いるのが最も自然である。

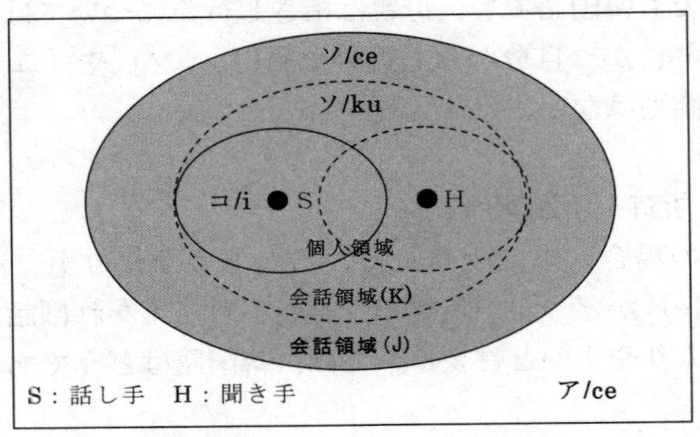


図 4 現場指示用法における日韓指示詞の対応関係

コ / 이 (i)：話し手（S）の個人領域内にある事物を指す。

ソ / ユ (ku)：話し手（S）と聞き手（H）を含む会話領域内にある事物を指す。

ア / 저 (ce)：会話領域内から、領域外にある事物を指す。

以上の観察から、韓国語と日本語の指示体系は、かなり類似していることが分かった。しかし、日本語と異なる点もあり、現場指示用法における使い分け要因に相異が見られた。

具体的には、まず韓国語では、指示対象は、話し手と聞き手から等距離に位置し、かつ両者から非近で非遠場所に存在しなければ「中距離のユ (ku)」が見られないこと、指示物が両者よりやや離れたところにあるとき、韓国語は「ユ (ku)」ではなく「저 (ce)」が使われること、さらに「話し手の後ろのソ」や「不定のソ」に当たる指示詞が存在しないことから、韓国語は日本語より会話領域が狭いことがわかる。

また、日本語では発話の場への依存性が高く、物理的距離の要因が優先されるのに対し、韓国語では発話の場への依存性がそれほど高くなく、物理的距離より心理的距離のほうが優先される、という点で対照を成している。さらに日本語と異なり、韓国語では譲渡不可能な所有関係があったとしても、話し手の領域には入らない。

## 7.3 文脈指示用法

この節では、まず韓国語における文脈指示用法を扱った先行研究を検討した上で、日本語と韓国語の指示体系の差をもたらす決定的な要因はどのようなものなのかを、対照分析しながら探っていく。

### 7.3.1 先行研究とその問題点

両言語における文脈指示の指示詞を対照分析の観点から扱ったものの中で、我々の研究と深く関わるものを重点的に取り上げてみていこう。

**梅田（1973, 1982）**

梅田（1973）によると、文脈指示の場合、日本語では指示対象を話し手、聞き手ともによく知っている場合にはアが用いられ、話し手は指示対象を知っているが聞き手がそれをよく知らないような場合などにはソが用いられるのに対して、韓国語では、そのような区別をせずに、一度話題に上ったものはすべてユ（ku）で表現するという。

また梅田（1982）は、文脈内指示の場合、韓国語では一度話題にのぼった素材を指示する際は聞き手が素材に対して未知であれ既知であれ、区別なしにユ（ku）で指示するだけで、日本語のように未知か既知かによってソとアを区別することはないと述べた上で、このユ（ku）は特に生き生きと叙述しようとはしていない

普通の叙述のときにも用いられると説明している。そして言外の場合の、思い出または共通の了解事項に対して、日本語ではアが用いられるが、韓国語では그 (ku) が使われると述べ、この그 (ku) による指示も文脈指示の用法の一つであると主張した。

また、文脈指示には이 (i) と저 (ce) が使われることがないということも指摘している。しかし、以下の二つの例文で分かるように、韓国語の文脈指示用法には그 (ku) だけではなく、이 (i) も저 (ce) もすべて現れる。したがって、「이 (i)・그 (ku)・저 (ce)」の三系列はそれぞれどのような特性があるのか、またどのように使い分けるのかは梅田の説では明らかではない。

(30) a. これはだれにも言わないで欲しいのですが、私は実は猫が恐いのです。

(『指示詞　セルフ・マスターシリーズ 4』より)

b. Ikes-un　nwukwu-eykeyto　malhacianhkilul-palanuntey
これ-は　だれ-にも　言わないで -欲しいのですが
na-nun　silun　koyangi-ka　mwuseweyo
私-は　実は　猫-が　恐いのです。

(31) Ce　chanlanha-n　paykcey-uy　munhwa!
あの　輝かしい -現在連体　百済 -の　文化
「あの輝かしい百済の文化！」

(金 2006:108)

**申 (1985)**

申 (1985) は、照応用法（文脈指示）における「그 (ku)、ソ」が前方照応にのみ使用されるのに対して、「이 (i)、コ」は前方照応・後方照応ともに用いられるが、「저 (ce)、ア」は文脈指示としては使われないと述べている。そして、ダイクシス用法－Ⅱ

（観念指示）では、韓国語の「이 (i)、그 (ku)、저 (ce)」すべてが用いられるのに対して、日本語の場合は「コ・ア」のみが使われるとする。このうち「그 (ku)、저 (ce)」とアについては、話し手と聞き手がともに知っている対象の場合、韓国語では普通그 (ku) が使われ、저 (ce) は条件つき（指示対象のことを急に思い出したときやその名が思い出せない場合）で使われることもあるが、日本語ではアしか用いられないという。

このように、申も文脈指示[4]では韓国語の「이 (i)・그 (ku)・저 (ce)」がすべて用いられるとしているのだが、指示対象のことを思い出せない場合、例 (32) のように그 (ku) が使われるため、저 (ce) が使われる条件は再検討する必要がある。

(32)　a. *x*:ほら、<u>あそこ</u>どこだっけ？フランス革命が始まった場所
　　*y*:バスティーユ？
　　*x*:あ、そう、それ。
　b. *x*:Pwa　<u>keki</u>　eti-yessci?　Phulangsu-hyekmyeng-i
　　ほら　そこ　どこ-だっけ　フランス-革命-が
　　sicaktoy-n　cangso
　　始まる-現在連体　場所

## 宋（1991）

宋（1991）は、コ・ソ・アの用法のうち、非現場指示を独立的話題指示、相対的話題指示、単純照応指示に下位分類した上で、韓国語の場合には、非現場指示の用法全体を通しても저 (ce) の形式が全く現れないことから、現場指示的な이 (i) を除けば、非現場指示のすべてを그 (ku) 一つでまかなっていると述べている。

[4] 本研究での「文脈指示」とは、申（1985）のいう「文脈指示」と「観念指示」の両方を含む概念である。

そして、単純照応指示のソとユ (ku) は、話し手の係わりが弱い指示対象を平静に指し示す独立的話題指示のソとユ (ku) の用法からの派生であるとした。

しかしながら、例 (30) でも指摘したように、이 (i) や저 (ce) は必ずしも現場指示的とは限らない点を見落としているという問題がある。

### 金 (2006)

金 (2006) はユ (ku) 系を文脈指示と観念指示とに大別し、人称区分原理の角度から日本語と韓国語指示詞の非直示用法を次ページ表 2 のようにまとめている。

しかし、ここで同じユ (ku) 系がなぜ全く違う二つの情報を指せるのかが問題となる。「聞き手の短期記憶の中の知識であり聞き手の操作範囲の中にある情報」と「話し手の長期記憶の中の知識であり話し手の操作範囲の中にある情報」は全く共通点がなく、ユ (ku) 系の特性は何なのかがはっきりしない。

表 2 韓国語と日本語の非直示用法に関わる人称区分原理

| 指示詞 | 指示対象 |
| --- | --- |
| 이 (i) 系、コ系 | 話し手の短期記憶の中の知識であり話し手の操作範囲の中にある情報 |
| 文脈指示のユ (ku) 系、ソ系 | 聞き手の短期記憶の中の知識であり聞き手の操作範囲の中にある情報 |
| 観念指示のユ (ku) 系、저 (ce) 系、ア系 | 話し手の長期記憶の中の知識であり話し手の操作範囲の中にある情報 |

## 7.3.2 本研究の立場

以下では、第 4 章で提案したモデルに基づいて、文脈指示用法の「이 (i)・ユ (ku)・저 (ce)」と「コ・ソ・ア」の対照を行う。

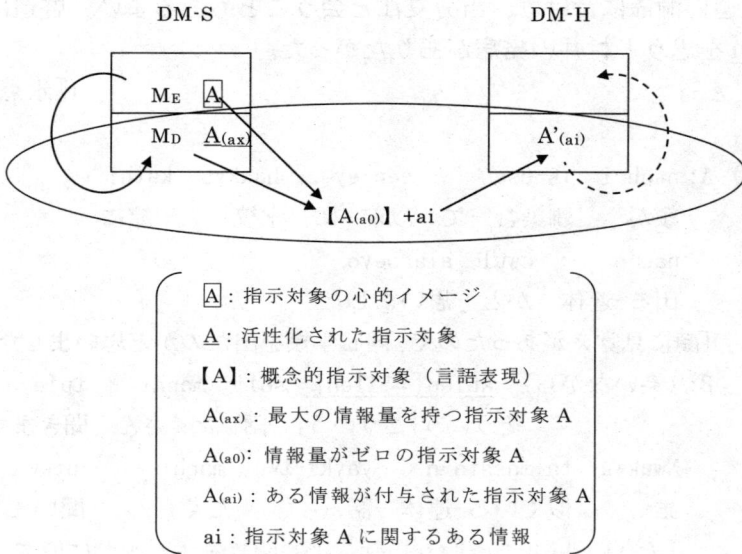

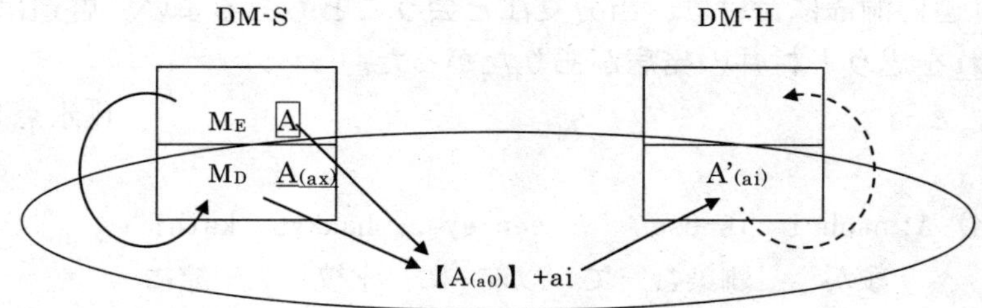


A（枠囲み）：指示対象の心的イメージ

A（下線）：活性化された指示対象

【A】：概念的指示対象（言語表現）

$A_{(ax)}$：最大の情報量を持つ指示対象 A

$A_{(a0)}$：情報量がゼロの指示対象 A

$A_{(ai)}$：ある情報が付与された指示対象 A

ai：指示対象 A に関するある情報

**図５ 談話モデルにおける文脈指示用法**

### 7.3.2.1 ユ (ku) 系指示詞の基本的使い方

従来の研究で이 (i) 系とコ系に比べて文脈指示用法として典型的だと言われているユ (ku) 系とソ系の用法について考察する。

まず、テキスト形式 (33) と会話形式 (34) における「ユ (ku)/ソ」系を見てみよう。

(33) melli　tooya-lo　kamye　tangpwunkan　nassuey-wa
遠い　トオヤ-に　行けば　当分　夏江-と
mannanun　il-to　epsulkesita. Keyicoo-nun　<u>kulen</u>
会う　こと-も　ないのだ　啓造-は　そのような
sayngkak-ul　hamyen　Mwulai-uy　palpyeng-i　komawessta.
考え-を　すると　村井-の　発病-が　ありがたった

「遠い洞爺に行けば、当分夏江と会うこともあるまい。啓造は、それを思うと村井の発病がありたがった。」

(『氷点』)

(34) A: nach-i　ik-ese　cen-ey　hakkyo　kathi
顔が　馴染む-て　以前-に　学校　一緒に
nao-n　cwul　alasseyo.
出る-連体　かと　思いました
「顔に見覚えがあったので、同じ学校を出たのかと思いました。」
B: (笑いながら)　kulen{# ilen}　soli　manhi　tuleyo.
そういう{こういう}　話　たくさん　聞きます
Nwukwu　talmassta-n　yayki-twu　manhi　tutkwu.
誰　似ている-連体　話-も　たくさん　聞いて
「そういう{#こういう}話、よく聞きます。誰かに似ているともよく言われますし。」

(金 2006:74)

日本語では、(33)の「そのような考え」は「遠いトオヤに行けば当分夏江と会うこともないのだ」という考えを指し、また(34)の「そういう話」は「顔に見覚えがあったので、同じ学校を出たのかと思いました」という話を指している。つまり、日本語では、ソ系指示詞は言語文脈領域に導入された情報そのもの(【言語表現】)を指している。図5に従えば、ソの指示対象は【$A_{(a0)}$】+aiとなる。ただし、ここでのaiの情報値は0である。韓国語でもこの場合ユ(ku)系を用いる。

さらに、次の(35)はソしか使えない例文である。ここでの「その私」の指示対象は単なる言語文脈領域に導入された「私」ではなく、「アメリカが怖くてとても旅行もできないとよく言ってい

た私」である。つまり、この場合は（33）（34）と違い、ai の情報値は「アメリカが怖くてとても旅行もできないとよく言っていた」となり、ソの言語文脈領域に導入されることによって再構成された指示対象（【$A_{(a0)}$】+ai）を指す。この場合、韓国語では이（i）系も使えなくはないが、基本的に日本語と同様で그（ku）系が用いられる。

（35） a. 以前、私はアメリカが怖くてとても旅行もできないとよく言っていた。
{*この /その} 私がアメリカに住んで５年目になる。

b. Icen　na-nun　ameylika-ka　mwusewese　cengmallo
以前　私-は　アメリカ-が　怖くて　とても
eyhayng-to　halswuepsta-ko　cal　malhaysta.
旅行-も　できない-と　よく　言っていた。
{?ilen/kulen}　nay-ka　ameylika-ey
{この /その}　私-が　アメリカ-に
sanci　5nyenccayka　toynta.
住んで　５年目に　なる。
（『指示詞　セルフ・マスターシリーズ 4』）

しかし、すべての그（ku）系がソ系と対応するとは限らず、日韓両言語における指示詞が大きく異なるところもある。

（36） a. 五歳の誕生日に真智子は両親に熊のぬいぐるみを買ってもらった。
{この /??その }友人を、真智子は一生大切にした。
（金水 1999）

b. Tasessal　sayngilnaley　真智子 -nun　pwumo-eykey
五歳　誕生日 -に　真智子-は　両親-に

kominhyeng-ul　　sa-cwuessta.
熊のぬいぐるみ-を　買って-もらった
{??i/ku}　　chinkwu-lul　真智子-nun　ilsayng
{この/その}　友人-を　　真智子-は　一生
socwunghi-hayssta.
大切に-した。

(37) a. 新幹線が開業して32年になるが、太郎がこの乗り物に初めて乗ったのは18歳で初めて上京したときだった。

(庵 2007:39)

b. Sinkansen-i　kaythongtoynci　32nyenitoynuntey
新幹線-が　開業して　32年になるが、
太郎-ka　{??i/ku}yelcha-ey　cheum　thankes-un
太郎-が　{この/その}乗り物-に　初めて　乗ったの-は
18sal-ttay　cheum　sangkye　hayssul-ttayyessta
18歳で　初めて　上京　した-ときだった。

第4章で述べたように、「言い換え」がある場合、同一物を指すということを理解するには何らかの計算が必要である。その何らかの計算は談話記憶領域において行われるため、日本語ではコを用いる。例えば(36)では、「熊のぬいぐるみ」の指示対象は談話記憶の中に蓄えられており、「この友人」が現れた段階で指示対象の「友人」と談話記憶の中にある指示対象「熊のぬいぐるみ」が照合されて照応が成立すると考えられる。また(37)も(36)と同様で、「乗り物＝新幹線」という情報が話し手によって談話記憶領域から再導入されているわけである。図5に従えば、コは談話記憶領域にある活性化された指示対象$A_{(ax)}$を指す。これに対して(36)と(37)の「この」に対応している韓国語表現は이(i)ではなくユ(ku)である。日本語では言語表現だけを見て言語文

脈にあるかどうかを判断するが、韓国語では同じ言語表現がなくても、ユ (ku) があれば同一指示の計算が成り立ってしまうと考えられる。

すなわち、日本語では「言い換え」がある場合、指示対象が同一であることはコで表示することによって保証されるが、韓国語のユ (ku) は異なる言語表現の指示が同一であると解釈させることが可能なのである。

さらに、次の二つの例を見てみよう。

(38) a. 今日神田で火事があったよ。あの火事のことだから人が何人も死んだと思うよ。 (黒田 1979)

b. Onul　神田-eyse　hwacay-ka　issesse　Ku
今日　神田-で　火事-が　あったよ。その
hwacay-il　ttaymwun-ey　salam-i　myechsalam-ina
火事の-こと　のだから　人-が　何人-も
cwukessulkesilako　sayngkakhay.
死んだと　思うよ。

(39) a. 妻：もう 3年になるね、イギリスを旅行してから。エディンバラの湖畔の教会、覚えてる？
夫：うん、覚えてる。またあの教会に行ってみたいね。

b. 妻：Pelsse　3nyeni　toynunkwun　yengkwuk-ul
もう　3年に　なるね、　イギリス-を
yehayng-hakonase
旅行 -してから。
Eytayinpala-uy　hopan-uy　kyohoy　kiekhakoisse
エディンバラ-の　湖畔-の　教会　覚えてる？

夫 :Ung kiekhakoisse. Tto ku kyohoy-ye kako
うん 覚えてる また その 教会 -に 行って
siphney.
みたいね

(38) ではア系指示詞を用いて、聞き手に知識があるかどうかに関係なく、自分の思い浮かべている火事を指示している。また (39) では、両者の思い出の場所の教会を指している。すなわち、アは話者の長期記憶領域にある対象を指示している。図 5 に従えば、ア系指示詞が使用される際には、話し手がまず文脈によって、概念的指示対象【$A_{(a0)}$】(この場合は「火事」「エディンバラの湖畔の教会」)を提示し、それから聞き手が長期記憶領域にある指示対象の心的イメージ A をア系指示詞で指す (「あの火事」「あの教会」) のが一般的である。これに対し、韓国語ではその指示対象をユ (ku) で指し示している。ここで、指示対象が長期記憶と言語文脈の両方にあるとき、日本語では長期記憶を、韓国語では言語文脈を優先すると考えられる。

さらに、(40) はいきなりのアを用いた発話である。A・B の長期記憶内には「ピザ」が存在する。したがって、A・B は「ピザ」を「あの」で指すことになる。高度な語用論的前提があれば日本語ではアで指示するが、韓国語では、ユ (ku) は情報が言語文脈領域にあることにしてしまう力を持ち、(40’) のように先行文脈を明示しなくても「昔イタリア旅行に行った時、ピザ食べただろう」という文脈を後から復元させてしまうのである。

(40) a. A:【昔行ったイタリア旅行を思い出して】
いやあ、しかし、あのピザは実にうまかったね。
B: うん、あんなピザはあれ以来お目にかかったことがない。

（『談話：17』）

b. A: Ani　kulena　ku　phica-nun　cengmallo
いやあ　しかし　その　ピザーは　実に
masissessci
うまったね。

B: Ung　ku　phica-nun　kuttay ihwulo　ponceki
うん、その ピザーは　それ　以来　お目にかかった
epse
ことがない

(40')A:【昔行ったイタリア旅行を思い出して】
昔イタリア旅行に行った時、ピザ食べただろう。
いやあ、しかし、あのピザは実にうまかったね。
B: うん、あんなピザはあれ以来お目にかかったことがない。

例文 (38) (39) (40) の「あの」に対応するのは、韓国語では遠称の저 (ce) ではなく中称の그 (ku) である。つまり、話し手が長期記憶内の対象を指し示す指示用法は、日本語ではア系を用いるのに対し、韓国語では그 (ku) 系を用いることになる。

以上から、韓国語の그 (ku) のカバーする範囲は、日本語のコ・ソ・アのすべてに跨っていることがわかる。さて、韓国語の그 (ku) は一体何を指しているのだろうか。ここで、今まで分析してきた例文 (33) ～ (40) を全体的に見てみると、(40) 以外はすべて例文の先行詞が先行文脈に現れている。

(33) (34)：言語表現の指示対象【$A_{(a0)}$】
(35)：言語文脈領域に導入されることによって再構成された指示対象(【$A_{(a0)}$】 +ai)
(36) (37)：言語表現は異なるが、言語文脈領域に導入済みの指示対象

(38)(39)：長期記憶と言語文脈の両方にある指示対象

ユ(ku)を使うと、単に前文に出てきた語と照応しているだけであり、純粋な文脈指示と言える。したがって、本研究では文脈指示におけるユ(ku)系指示詞を次のように定義することができる。

(41) ユ(ku)系：言語文脈領域にある指示対象(情報)【A】をさす。なお指示対象は同じ言語表現で指示されていなくてもよく、情報が言語文脈領域にあることにしてしまう力もある。

### 7.3.2.2 이(i)系指示詞の基本的使い方

この節では、文脈指示用法における이(i)系を見てみよう。

(42) a. 診断の結果、しのぶの病気は癌であり、残された命は数年と分かった。しかし{このこと/そのこと}は、しのぶ本人には知らされなかった。

(『指示詞　セルフ・マスターシリーズ4』より)

b. Cinchal　kyelkwa　しのぶ-uy　pyeng-un　amiko
診断の　結果　しのぶ-の　病気-は　癌-であり
namun　sayngyeng-un　myechnyenim-ul　alassta.
残された　命-は　数年と　分かった。
Kulena　{i/ku}　il-un　しのぶ　ponin-eykeynun
しかし　{この/その}　こと-は　しのぶ　本人-には
allici　anhassta.
知らされ　なかった。

コとソは常に相補分布をするわけではない。コについて同一コ

ンテキストでソ系と入れ換え可能な場合がしばしばある。同様に韓国語でも、例（42）に現れるしのぶの病気のことを指すとき、이（i）とユ（ku）のどちらも使うことができる。이（i）を使うと、日本語のコと同じく、話し手の談話記憶内の「しのぶの病気は癌であり、残された命は数年」ということを再導入することになる。一方ユ（ku）を使うと、日本語のソと同じく、文脈上の「しのぶの病気は癌であり、残された命は数年」という【言語表現】を指し、単に前文に出てきた語句を照応しているだけであり、純粋な文脈指示だと言える。なおここで저（ce）を使うことはできない。この点についても、日本語と同様である。では、次の例文はどうであろうか。

(43) Hyeng!　Tutie　uycengi　nwuna-ka　oypakha-yssta-mye?
兄貴　とうとう　ウジョン　姉さん-が　外泊する-過去-引用
Wuccay　{ilen/kulen}　il-i!　Oho　thongcay-la!
どうして　{こんな/そんな}　事-が　あ　苦しい-かな
Oho　aycay-la!
あ　悲しい-かな
「兄貴！とうとうウジョン姉さんが外泊したって？どうして{こんな/そんな}ことが！ああ、苦しいかな！ああ、悲しいかな！」

（金 2006:76）

例（43）での下線部の이（i）系指示詞の用法は文脈指示用法の前方照応の例であるが、話し手が指示対象の事件を自分と密接に関連したこととして把握した結果、自分の談話記憶領域内のことを表す이（i）系指示詞が選ばれている。この例の下線部でユ（ku）系の指示詞を使うことも可能ではあるが、その場合は이（i）系を

使った場合と比べ、自分が直接関わる出来事として事態を把握しているような解釈ができなくなり、単に文脈上の【言語表現】を指すことになる。このとき、이 (i) が主観的で、그 (ku) が客観的というようなニュアンスの違いが生じる。

(44) a. 岩と砂ばかりの砂漠を走り続けると、目指すオアシスにたどり着いた。ここで私たちは3日ぶりに心からの休息をとった。
(『談話：17』)

b. Pawi-wa molay-ppwunin samak-ul kyeysoktallimyen
岩-と 砂-ばかりの 砂漠-を 走り続けると
mokphyolohanun oasisu-ey kakkasulo tochakhayssta.
目指す オアシス-に たどり 着いた
{?Yeki/keki}-se wuli-nun 3il-man-ye cinsimulo-uy
{ここ/そこ}で 私たち-は 3日-ぶり-に 心からの
hyusik-ul chwihayssta.
休息-を とった。

(45) a. 私は京都で生まれ育った。今は東京に住んでいるが、時々この街のことを思い出すことがある。

b. Na-nun kyotho-eyse calassta. Cikum-un
私-は 京都-で 生まれ育った 今-は
tongkyeng-ey salko-issciman kakkum {??i/ku} keli-ka
東京-に 住んで-いるが 時々 {この/その} 街-が
ayngkak-nanun ttaykaissta.
思い-出す ことがある。

例 (44) (45) では、「ここ」「この街」はそれぞれ「オアシス」「京都」という場所を指している。この場合、日本語ではコ系とソ系両方が使えるのに対し、韓国語では이 (i) 系と比べて그 (ku) のほうがより自然である。それは이 (i) 系を用いると、話し手が

その場所に存在するように感じられ、現場指示であると理解してしまうからである。つまり、韓国語の이 (i) 系は日本語のコ系より現場指示の特性が強く、場合によって使えなくなることがあるといえる。

一方、コ系と이 (i) 系の指示詞には後方照応用法もある。次の例を見られたい。

(46=30) a. これはだれにも言わないで欲しいのですが、私は実は猫が恐いのです。

(『指示詞　セルフ・マスターシリーズ 4』より)

b. {Ikes/*kukes}-un　nwukwu-eykeyto
{これ/それ}-は　だれ-にも
malhacianhkilul-palanuntey
言わないで-欲しいのですが、
na-nun　silun　koyangi-ka　mwuseweyo.
私-は　実は　猫-が　恐いのです。

例 (46 = 30) は이 (i) 系の後方照応の例であるが、このような後方照応の例こそ話し手の指示対象についての情報や知識の優位を示すよい例だと言える。つまり、話し手が話題にしようとする指示対象が話し手の談話記憶領域に属し、発話以前の段階では聞き手としては予測不可能なものである。この場合、話し手は情報管理の面で優位を認めることができるという点から韓国語の이 (i) 系指示詞が談話記憶領域内の指示対象を指すことは明らかである。

さらに(47) a では、「これ」は文章の中で引用として提示した「少年よ、大志をいだけ」を指している。コを用いると、話し手が談話のため準備しておいた情報（活性化された情報）「札幌農学校教頭だったクラークの残した有名なことばである」をこれから聞

き手に伝えようというサインとなり、指示対象を談話記憶領域から新情報を付け加えながら再導入されることになる。この場合、「少年よ、大志をいだけ」を言語文脈領域にあるものとしてソを用いることも不可能ではないが、不自然である。韓国語でも同様に이 (i) 系が自然で、그 (ku) 系はやや容認度が下がる。

(47) a.「少年よ、大志をいだけ」これは、札幌農学校教頭だったクラークの残した有名なことばである。

(『指示詞　セルフ・マスターシリーズ 4』より)

b. Sonyena　khunttus-ul　phwumela　{Ikes/?kukes}-un
少年よ　大志を　いだけ　{これ/それ}-は
saspholo　nonghakkyo　kyokamiesstes　khullak-i
札幌　農学校　教頭だった　クラークの
namkin　yumyenghan　malita.
残した　有名な　ことばである。

以上の分析から、現場指示の特性が強いなどの要因で指示範囲がコ系より狭いものの、韓国語の이 (i) 系指示詞は日本語のコ系と同様に、話し手の談話記憶領域内の指示対象を指すことが明らかになった。つまり이 (i) 系は次のように定義されるのである。

(48) 이 (i) 系: 話し手の談話記憶領域にある指示対象をさす。

### 7.3.2.3 저 (ce) 系指示詞の基本的使い方

この節では、文脈指示用法における저 (ce) 系を見てみよう。

(49) Ce　yumyengha-n　alleyksante　taywangto　ile-n
あの　有名だ-連体　アレキサンダー　大王も　こんな

sachi-nun　kyenghem-hay　poci　mosha-yess-ul
贅沢 -は　経験-して　みて　ない-過去-未来連体
kes-ita.
もの -である
「あの有名なアレキサンダー大王すら、これほどの贅沢は経験したことがないであろう。」

(50=29) Ce　chanlanha-n　paykcey-uy　munhwa!
あの　輝かしい-現在連体　百済-の　文化
「あの輝かしい百済の文化！」

(金 2006:108)

金（2006:108）は、「あの有名なアレキサンダー大王」、「あの輝かしい百済の文化」のような「百科事典的知識であり、具体的には歴史上有名な人物や文化遺産に関する知識」である場合には저（ce）で指せる、と述べている。

ここで重要なのは、韓国語でも文脈指示に遠称を用いることがあり得ること、つまり文脈指示でも3系列を維持しているということである。ただし、その指示範囲が見落とされるほど極端に狭いだけである。このことは、韓国語の저（ce）が文脈指示に使われる条件が日本語のアの場合よりも厳しい、ということを意味する。

日本語では、話し手の「聞き手も知っているだろう」という見込みさえあれば記憶指示のアが成立してしまう。一方韓国語では、「百科事典的知識」のような「誰もが必ず知っているはずのこと」でなければ記憶指示の저（ce）は成立しない。従って、本研究では저（ce）系指示詞を次のように定義する。

(51)　저（ce）系：ほとんどの人の長期記憶領域にある指示対象をさす。

### 7.3.3 独話における韓国語指示詞

これまでは聞き手/読み手の存在を前提とした指示詞の文脈指示用法を見てきた。では、聞き手が存在しない独話の場合、韓国語指示詞の「이 (i)・그 (ku)・저 (ce)」はどのように使用されるのであろうか。

#### 7.3.3.1 コ系と対応するもの

第4章で分析したように、コを用いる独話は、外界（発話状況）から五感によって何らかの情報が談話記憶領域に流れ込んでいる。このとき、話し手が自分の談話記憶領域に形成された対応物を言語文脈に直接導入することになる。韓国語でも日本語と同じく、(52) でコ/이 (i) が指しているのは「母親が育児放棄で、二人の子供を死なせた」ことである。

(52)【育児放棄で二人の子供を死なせた事件のニュースをテレビで観て】

a. これはひどい。

b. Ikes-un simhata.

これ-は ひどい

また (53) は、品子と母親が帝劇で、ギリシャ神話のプロメテを描いた舞踊劇である「プロメテの火」を見終わって、品子が自分の談話記憶領域に残っているイメージの意味について内言で考える場面であるため、日本語ではコが用いられる。一方韓国語の場合も日本語と同様に、談話記憶領域にある指示対象を近称の이 (i) で指示する。またある程度時間が流れてしまうと、そのイメージを日本語ではアで指示されるようになるのに対し、韓国語では그 (ku) で指示されるようになる（7.3.3.3節参照）。

(53)　a. この神話の踊りの、火はなにを意味するのだろうか。プロメテはなにに意味するのだろうか。終わった後で、品子は頭に残る、踊りを追いながら、そう考えてみると、どのような意味にも、考えられそうに思えた。　(『舞姫』)

b. I　sinhwa-uy　chwum-uy　pwul-un　mwues-ul
この　神話-の　踊り-の　火-は　なに-を
uymi-hanunkesilkka.　Pulomeythey-nun　mwe　uymihanun
意味-するのだろうか。プロメテ-は　なに　意味 -する
kesilkka.　Kkuthnantaumey　品子-nun meli-ey　namnun
のだろうか。終わった後で　品子-は　頭-に　残る
chwum-ul　ccochu-myense　kulehkey　sayngkakhay-pomyen
踊り-を　追い-ながら　そう　考えて-みると
ettehan　uymi-eto　sayngkakhalswuissul-keskathi
どのような　意味-にも　考えられ-そうに
sayngkaktoyessta.
思えた。

以上のように、独話における日本語のコと韓国語の이 (i) には相違はないと言える。

### 7.3.3.2 ソ系と対応するもの

次に、「ソ」と「ユ (ku)」の対応例を挙げてみよう。

(54)　【家から学校に行く途中、独り言】
a. そうだ！しまった！
b. Kulehta!　Khunilnassta!
そうだ！　しまった！

(55)　a. 最近、UFOに関する記事が新聞や雑誌に多く載っているのが、

一体それは何処から飛んでくるのだろう。

(正保 1981:113)

b. Choykun UFO-ey kwanhan kisa-ka sinmwun-kwa
最近 UFO-に 関する 記事-が 新聞-や
capci-ey mangi silliko issnuntey totaychey kukes-un
雑誌-に 多く 載って いるのが 一体 それ-は
eti-eyse nalaonun-kesilkka.
何処-から 飛んでくる-のだろう。

日本語の場合、(54) a では話し手は長期記憶領域から言語文脈領域を通して、気づいたこと（「弁当を忘れた」）を心内の文脈に登録し、「そうだ」で改めてその気づいたことを指す。また (55) の「それ」は言語文脈上に存在する概念的指示対象を指している。韓国語ではいずれもユ (ku) が対応する。つまり、独話において日本語のソも韓国語のユ (ku) も言語文脈領域にある指示対象を指示すると考えられる。

### 7.3.3.3 ア系と対応するもの

日本語指示詞のア系は話し手の長期記憶領域にある指示対象を指すため、(56) (57) のような独話の場合、ソ系指示詞のような心内的言語文脈がない場合、またコ系のように発話状況を参照できない場合に使用できる。一方韓国語では저 (ce) ではなく、ユ (ku) が用いられる。話し手の長期記憶の中にしかない指示対象であるため、저 (ce) の定義から外れるからである。

(56)【昼間であって自分に挨拶してきた人が誰だったか思い出せず、夜帰宅してから】

a. あの人は誰だったんだろう。

b. Ku　salam-un　nwukwu-yessulkka.
その　人-は　誰-だったんだろう。

(57) a. ああ、また不合格か。あんなに勉強したのになあ。
b. Aa　tto　pwulhapkyek-inka.
ああ　また　不合格-か
Kulegkey　kongpwu　hayssnuntey.
そんなに　勉強　したのになあ。

しかし、すべての独話のアが韓国語のユ (ku) と対応するわけではない。(58) は内言の中で初鳳が夫である泰洙を指している場面である。また (59) は居なくなった娘を母親が探す場面である。日本語では自分の長期記憶領域にある指示対象のイメージ(直接体験知識) に対しアを用いている。一方、韓国語では、話し手が自分の記憶の中に形成されている明確なもののイメージに対して、自分にとって心理的近いものと認識し近称の이 (i) を用いている。中でも、이 (i) は、話し手が「指示対象がその場にあるはず」という意識を持ちつつ、その場に存在しない対象をあたかもそこに存在しているかのように見立てて指示するときに用いられるようである。

(58) a. 大体あの人はどうなっているんだろ？張のやつがいったとおり、韓参奉のとこの家に行って本当にそんなことしてるんだろうか？
まさかそんなことが？張のやつがいいかげんにこしらえた根も葉もない話じゃないの？だとすればどうしてそれしきの話に、こともあろうに動転してしまって思い切り逆らいのできなかったなんて！

(『濁流』)

b. Taykay i salam-un ettehkey toynkeskatha?
大体 この 人-は どう なっているんだろ
Cang nyesek-i malhan-taylo hansampong-uy kos-uy
張の やつ-が いった-とおり 韓参奉-の とこ-の
cip-ey kase cengmal-lo kulen il-ul hantanunkesinka?
家-に 行って 本当-に そんな こと してるんだろうか?

(59) a. チョムスンや、チョムスンや、あの子は針しごとをほったらかしてどこいっちゃったんだろ。

(『椿の花』)

b. Cemswun-a cemswun-a inyen panucil
チョムスン-や チョムス-や このやつ-は 針しごとを
hata malkwu etilkasse.
する 途中で どこいっちゃったんだ。

以上のように、独話において、韓国語では日本語と同様に、心内的言語文脈がある場合ソ / ユ (ku) 系を、また発話状況を参照できる場合コ系 / 이 (i) 系を用いる。しかし、話し手の長期記憶領域内の知識を参照できる場合日本語ではア系を用いるのに対し、韓国語では、ある程度時間たてば情報が言語文脈領域にあることにしてしまう力を持つユ (ku) 系を用いる。

### 7.3.4 まとめ

以上の結果から、이 (i) 系とコ系を「話し手の短期記憶領域内の指示対象をさす」と規定したが、이 (i) 系の主観性・直示性が強く、その場に存在しない対象をあたかもそこに存在しているかのように見立てて指示するときにも用いられる。

저 (ce) 系とア系を「話し手の長期記憶領域内の指示対象をさす」と規定したが、저 (ce) 系が「誰もが必ず知っているはずの

こと」でなければ文脈指示で使われないため、ア系より指示範囲が極めて狭い。

最後に、ユ (ku) 系とソ系を「言語文脈に導入された指示対象をさす」と規定したが、ソ系は先行文脈のある言語表現をそのまま代行しているではなく、言語文脈領域に導入されることによって再構成された指示対象【A(ai)】をさすのに対し、ユ (ku) 系は情報【A】が言語文脈領域にあることにしてしまう力を持ち、指示対象が言語文脈領域と長期記憶領域両方に存在する場合、言語文脈が優先される。また先行文脈の言語表現をそのまま代行し、より単純である。つまりソ系と比べると指示範囲がより自由で広い。第２章の日本語指示詞の分類に沿って言えば、ソは照応指示に当たり、一方ユ (ku) は文脈指示に当たる。

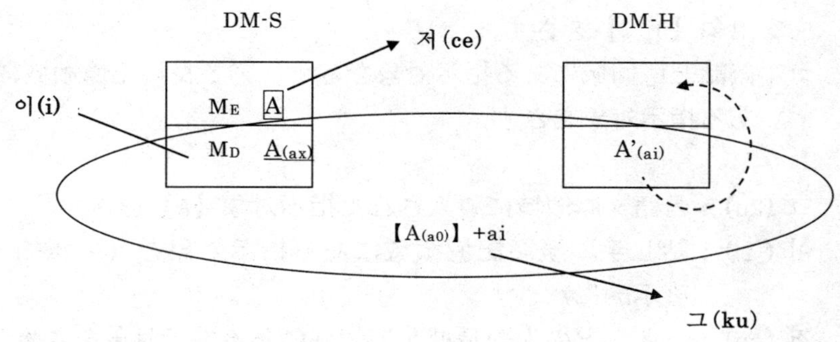


図６ 文脈指示用法における韓国語の談話モデル

(41) ユ (ku)系：言語文脈領域に導入された指示対象【A】をさす。

(48) 이 ( i )系：話し手の談話記憶領域にある指示対象を（主観的・直示的に）さす。

(51) 저 (ce)系：ほとんどの人の長期記憶領域にある指示対象をさす。

## 7.4 本章のまとめ

以上から、現場指示用法における日韓指示詞の使い分けは次のようにまとめることができる。

コ / 이 (i) : 話し手 (S) の個人領域内にある事物を指す。
ソ / 그 (ku) : 話し手 (S) と聞き手 (H) を含む会話領域内にある事物を指す。
ア / 저 (ce) : 会話領域内から、領域外にある事物を指す。

また、文脈指示用法における日韓指示詞の使い分けは次のとおりである。

ソ : 言語文脈領域に導入されることによって再構成された指示対象【$A_{(ai)}$】をさす。
コ : 談話記憶領域にある指示対象をさす。ア : 長期記憶領域にある指示対象をさす。

그 (ku) : 言語文脈領域に導入された指示対象【A】をさす。
이 ( i ) : 話し手の談話記憶領域にある指示対象を（主観的・直示的に）さす。
저 (ce) : ほとんどの人の長期記憶領域にある指示対象をさす。

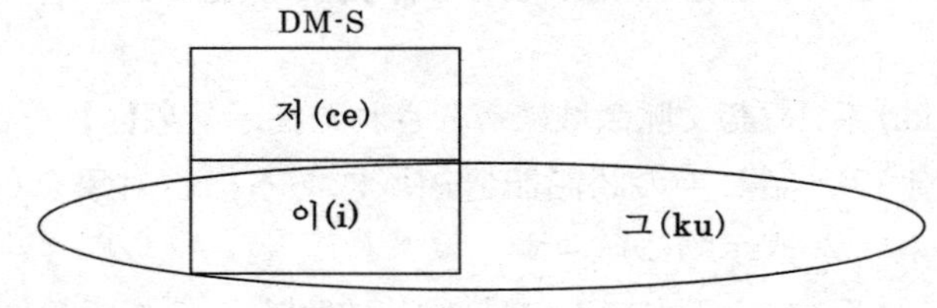


图 7 이 (i) · 그 (ku) · 저 (ce) の指示領域

表３ 이（i）・그（ku）・저（ce）の指示領域

| 이（i） | 話し手領域内 |
|---|---|
| 그（ku） | 話し手領域外 |
| 저（ce） | 会話領域外／言語文脈領域外 |

# 第 8 章 結　論

## 8.1 本研究のまとめ

本研究の序論で述べたように、日本語、中国語、韓国語の指示詞について比較分析した本研究の目的は以下の 2 点であった。まず日本語の指示詞の体系を記述するにあたって、自然で普遍性のある原則や制約を談話モデルと組み合わせることによって、細部まで説明できるような構造を持たせることである。そしてそのモデルに基づき、日本語と同様の指示体系をなす韓国語、及び異なる指示体系をなす中国語との比較対照を行い、各言語の相違点を分析し、ダイクシスの特性を探ることである。本章では以上の二つの問題について本研究の考察内容をまとめるとともに、本研究の意義と今後の課題について述べる。

### 8.1.1 日本語指示詞

まず、第 2 章で理論モデルと指示詞用法の分類について述べた。

本研究ではメンタル・スペース理論に基づき、金水・田窪や東郷の談話モデルを拡張した上で、本研究における仮説を立てた。図 1 で示したように、まず導入された指示対象が登録され探索される心的領域として、「知識領域」「発話状況領域」「言語文脈領域」の三つがあると考えた。更に話し手の知識領域を「長期記憶領域」と「談話記憶領域」からなると仮定した。「長期記憶」領域には話し手と聞き手の共有知識も含まれる。

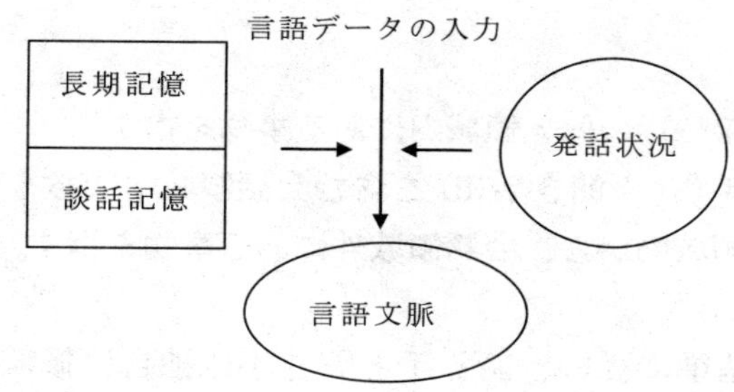


**図1 本研究における談話モデル**

また(1)で示したように日本語の指示詞は、現場指示用法(発話状況に基づいて同定する場合)と文脈指示用法(言語文脈に基づいて同定する場合)に分けられる。さらに、文脈指示用法は照応指示と観念指示に分けられる。前者は文脈領域にある概念化された指示対象を指す。また後者は話し手の知識領域にある主体化された指示対象を指す場合である。各用法について日本語指示詞を纏めると次の通りになる。

(1) 本研究における日本語の指示詞用法の分類

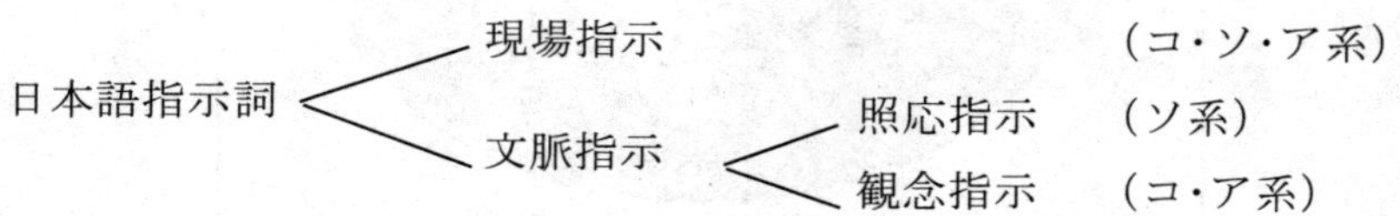


第3章では現場指示における「コ・ソ・ア」を扱った。本章ではYoshimoto (1986) にならい、現場指示のコ・ソ・アの使い分けには発話現場を話し手の「個人空間」、話し手と聞き手を含む「会話空間」という二つの領域に分割し、日本語の指示詞を次のよう

に纏めた。

(2) コ：話し手(S) の個人領域内にある事物を指す。
　　ソ：話し手(S) と聞き手(H) を含む会話領域内にある事物を指す。
　　ア：会話領域内から、会話領域外にある事物を指す。

この分割基準に従い、話し手と聞き手は独自に領域の分割を行う。Yoshimoto のモデルと異なり、話し手と聞き手の距離が縮まるにつれ、二人の「個人領域」が重なったり、あるいはまったく交わらなかったりさまざまであると想定する（図2を参照）。本研究の現場分割において、従来では説明できなかった点、「融合型」・「対立型」を統合的に説明できた。また会話領域を設定することで、従来の研究では例外とされてきた「中距離のソ」「話し手の後ろのソ」、「不定のソ」、ソ系指示詞の諸現象の統一的な説明もできた。

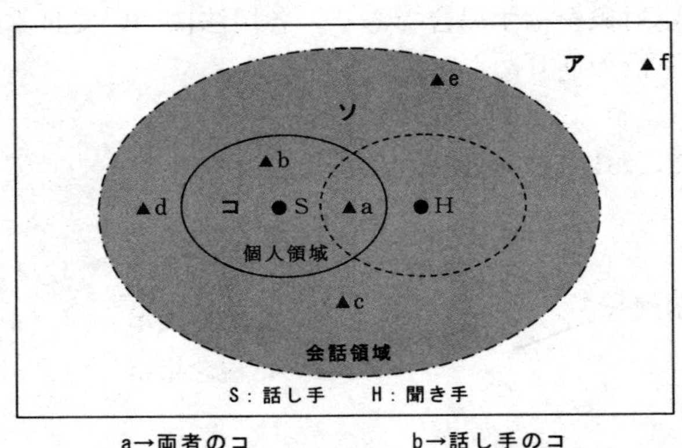


a→両者のコ　　b→話し手のコ
c→両者（中距離）のソ　　d→話し手の後ろのソ
e→不定のソ　　f→両者のア

図2　発話現場の分割

また3.3節では従来「絶対指示」と呼ばれてきた概念を現場指示用法の一種と見なし、「絶対的空間」と「絶対的時間」に分けて指示領域の分析を行った。また3.4節では、個人領域の設定を行う際、物理的距離、コントロール・直接接触、操作可能性、所有関係などという要因に影響されることをみた。

次に第4章では文脈指示における「コ・ソ・ア」を扱った。本章で扱う文脈指示には「知識領域」と「言語文脈領域」が関わる。文脈指示に関わる談話モデルを図示すれば、図3のようになる。下の図3では、「知識領域」と「言語文脈領域」の二つの領域をそれぞれ正方形と楕円形で示した。なお、各領域に登録される指示対象をA、それに関する様々な情報をaと表記する。またその様々な情報が含まれる指示対象を$A_{(a0, a1, a2 \cdots ai)}$と表記する。

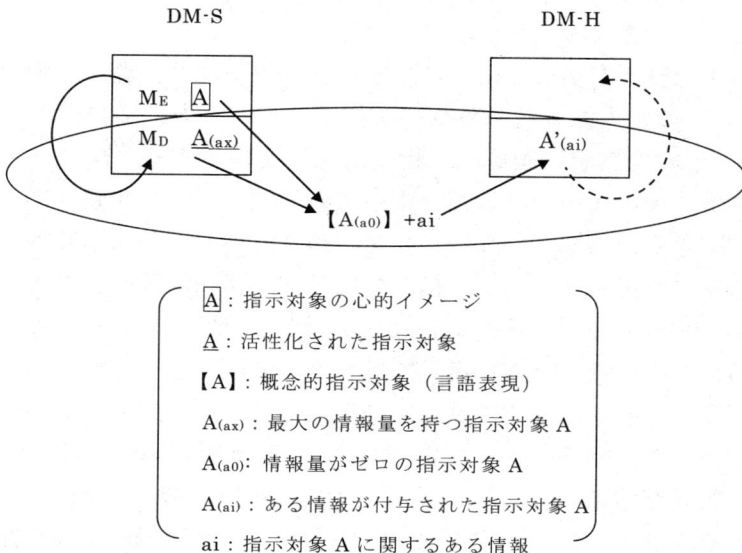

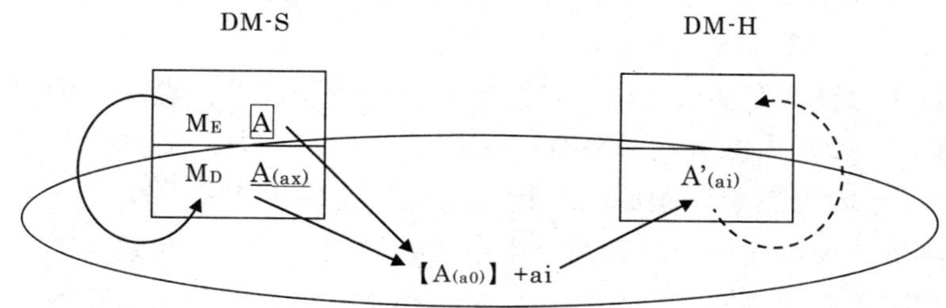


A : 指示対象の心的イメージ（枠付き）

A : 活性化された指示対象（下線付き）

【A】: 概念的指示対象（言語表現）

$A_{(ax)}$ : 最大の情報量を持つ指示対象A

$A_{(a0)}$: 情報量がゼロの指示対象A

$A_{(ai)}$ : ある情報が付与された指示対象A

ai : 指示対象Aに関するある情報

**図3 談話モデルにおける文脈指示用法**

さらに文脈指示におけるコ・ソ・アの用法が以下の通りであることを示した。

(3) ソ系指示詞は、言語文脈領域に導入されることによって再構成された指示対象をさす。また、ソ系で指示された指示対象は文脈上に限定される。
コ系指示詞は、談話記憶領域にある指示対象をさす。
また、コ系で指示された指示対象は談話記憶領域に限定される。

ア系指示詞は、長期記憶領域にある指示対象をさす。
また、ア系で指示された指示対象は長期記憶領域に限定される。

最後に第5章では現場指示と文脈指示用法の統一的分析を行った。

表1と表2で示したように、まずコ系指示詞は、現場指示では「話し手の個人領域内の事物」を指示する。一方、文脈指示では「話し手の談話記憶領域内の指示対象」を指示する。次にソ系指示詞は、現場指示では「聞き手領域のソ」と「話し手領域にもない、聞き手の領域にもないソ」を含めてすべて「会話領域内」にあるものを指示する。文脈指示では「言語文脈領域内」の指示対象を指す。最後にア系指示詞は、現場指示では「会話領域外」にある事物を指示し、文脈指示では長期記憶にもとづいて指示対象が同定される。ここでの長期記憶領域とは、百科辞典的知識や話し手が実際に経験したエピソード的な記憶が納められる場所である。談話記憶領域と異なり、話し手はその中の知識を編集したり、加工したりすることができない。つまり、言語文脈領域から独立しているわけである。したがって、現場指示においても文脈指示においてもアは「会話領域外」にある対象を指示することになる。

表1 日本語指示詞の両用法における指示領域

| | 現場指示 | 文脈指示 |
|---|---|---|
| コ系 | 話し手領域内 | 話し手の談話記憶領域内 |
| ソ系 | 会話領域内 | 言語文脈領域内 |
| ア系 | 会話領域外 | 言語文脈領域外（話し手の長期記憶領域内） |

表2 コ・ソ・アの指示領域

| | |
|---|---|
| コ | 話し手領域内 |
| ソ | 話し手領域外 |
| ア | 会話領域外 / 言語文脈領域外 |

### 8.1.2 指示詞の対照研究

#### 8.1.2.1 中国語指示詞

第6章では日本語と中国語指示詞の対照研究を扱った。まずこの章では、中国語指示詞における現場分割を次のように提案した。

① 日本語とは異なり会話領域はなく、個人領域があるのみ。

② 個人領域は状況によって大きさが異なりうる。聞き手を含むこともあれば、含まないこともある。

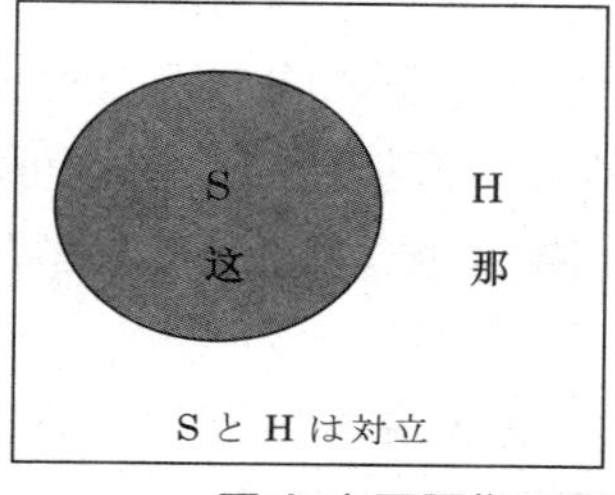


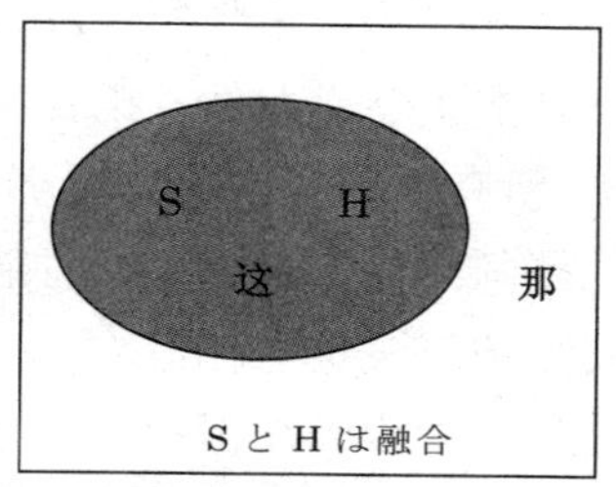


図4 中国語指示詞における発話現場の分割

したがって、中国語指示詞の現場指示用法を（4）のように纏めることができる。

(4) 这: 話し手(S) の個人領域内にある事物を指す。
　那: 話し手(S) の個人領域外にある事物を指す。

現場指示における日本語と中国語指示詞の特徴をまとめると図5のようになる。

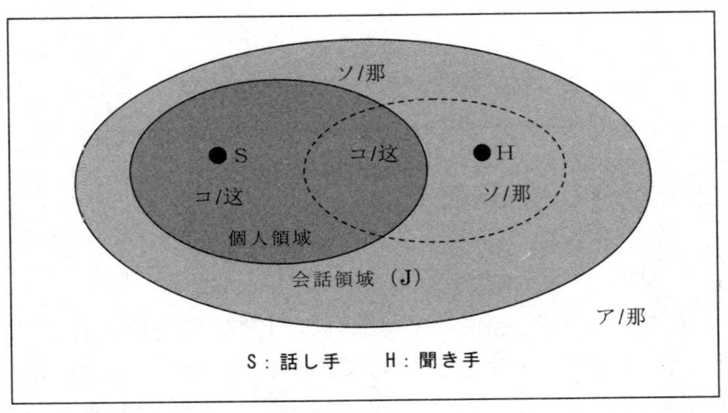


図5 現場指示用法における日中指示詞の対応関係

どの領域にあると判断されるかはさまざまな要因によるが、中国語は日本語と異なり、指示詞を選択する際に聞き手の領域を考慮せず、所有・所属関係、コントロール性（直接接触）・操作可能性、物理的距離（話し手からの主観的距離)、強い関心事などの要因で個人領域が決定される。

ただし、主観的に指示対象との対立を表現する場合、話し手の領域にないものとして遠称の“那”で指すことができる。さらに、その指示対象が聞き手領域にある場合、第二人称と併用し“你那”の形で聞き手との対立を表すことができる。また、話者が指示対象に対して強い関心がある場合、遠いものでも話者の個人領域内に引き寄せて近称の“这”で指し示すことができる。

また日本語と中国語指示詞の共通点としては指示詞選択の決め手は認知主体の話し手であることにある。相違点として日本語では、聞き手を含む会話領域があり、発話現場への依存性が高い。一方中国語では、会話領域がなく、発話現場への依存性が相対的に低い。

次に本章では、談話モデルを用いて、文脈指示用法における日中の指示詞の使い分けを検討した。まず日本語では、話し手が談話記憶領域から言語文脈領域に情報を導入する際、言語文脈領域に限定されていれば「ソ」、談話記憶領域から再導入されていれば「コ」が用いられる。また話し手が長期記憶領域から言語文脈領域に導入する場合には、指示対象は「ア」で指示される。一方中国語では、話し手の談話記憶領域にある対象は“这”で、その以外は“那”で指示される。

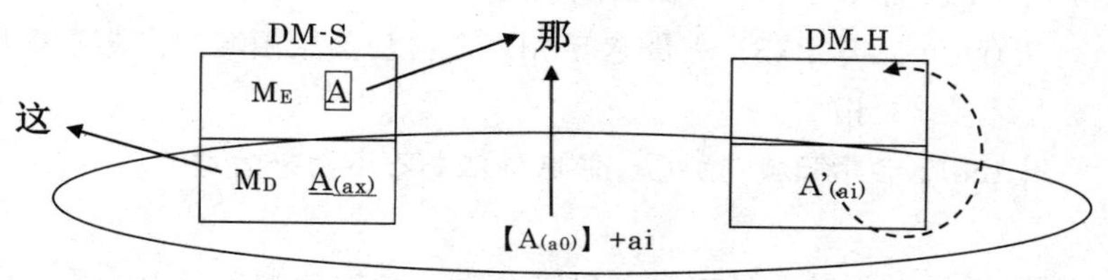


図 6 文脈指示用法における中国語指示詞の談話モデル

(5) “这”: 話し手の談話記憶領域にある指示対象を指示する。
“那”: 話し手の談話記憶領域以外にある指示対象を指示する。

### 8.1.2.2 韓国語指示詞

第 7 章では日本語と韓国語指示詞の対照を行った。まず、日本語と同様に発話状況領域を「個人領域」と「会話領域」に分割し、現場指示用法を次のようにまとめた。

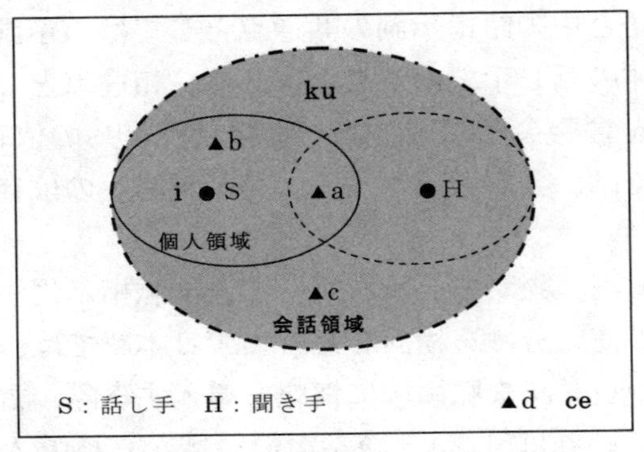


注：a→両者のi　　b→話し手のi

c→両者（中距離）のku　d→両者のce

図7　韓国語指示詞における発話現場の分割

(6) 이（i）：話し手(S）の個人領域内にある事物を指す。

그（ku）：話し手(S）と聞き手(H）を含む会話領域内にある事物を指す。

저（ce）：会話領域内から、領域外にある事物を指す。

現場指示における日本語と韓国語指示詞の特徴をまとめると図8のようになる。

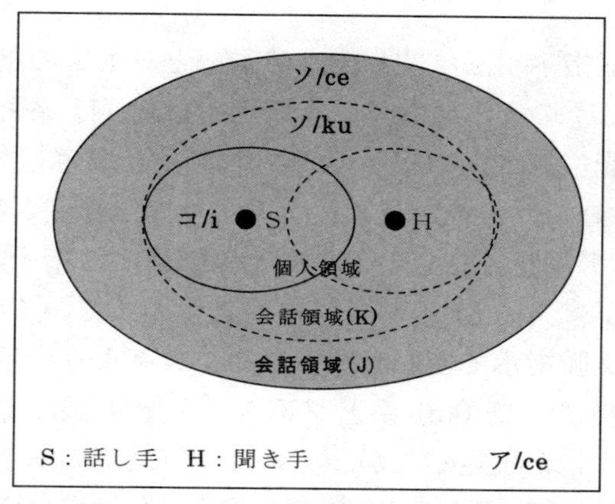


図8 現場指示用法における日韓指示詞の対応関係

以上の観察から、韓国語と日本語の指示体系は、かなり類似していることが分かった。しかし、日本語と異なる点もあり、現場指示用法における使い分け要因に相異が見られた。具体的には、まず韓国語では、指示対象が話し手と聞き手から等距離に位置し、かつ両者から非近で非遠場所に存在しなければ「中距離のユ(ku)」が見られないこと、指示物が両者よりやや離れたところにあるとき、韓国語は「ユ (ku)」ではなく「저 (ce)」が使われること、さらに「話し手の後ろのソ」や「不定のソ」に当たる指示詞が存在しないことから、韓国語は日本語より会話領域が狭いことがわかる。

また、日本語では発話の場への依存性が高く、物理的距離の要因が優先されるのに対し、韓国語では発話の場への依存性がそれほど高くなく、物理的距離より心理的距離のほうが優先される、という点で対照を成している。さらに日本語と異なり、韓国語では譲渡不可能な所有関係があったとしても、話し手の領域には入らない。

次に文脈指示用法に関しては韓国語と日本語の指示詞をまとめてみると (7) のようになる。本研究では이 (i) 系とコ系を「話し手の短期記憶領域内の指示対象をさす」と規定したが、이 (i) 系の主観性･直示性が強いため、コ系より指示範囲が狭い。また、저 (ce) 系とア系を「話し手の長期記憶領域内の指示対象をさす」と規定したが、저 (ce) 系が「誰もが必ず知っているはずのこと」でなければ文脈指示で使われないため、ア系より指示範囲が極めて狭い。最後に、그 (ku) 系とソ系を「言語文脈に導入された指示対象をさす」と規定したが、ソ系は先行文脈のある言語表現をそのまま代行しているのではなく、言語文脈領域に導入されることによって再構成された指示対象【$A_{(a0)}$】をさすのに対し、그 (ku) 系は情報【A】が言語文脈領域にあることにしてしまう力を持ち、指示対象が言語文脈領域と長期記憶領域両方に存在する場合、言語文脈が優先される。また先行文脈の言語表現をそのまま代行し、より単純である。つまりソ系と比べると指示範囲がより自由で広い。

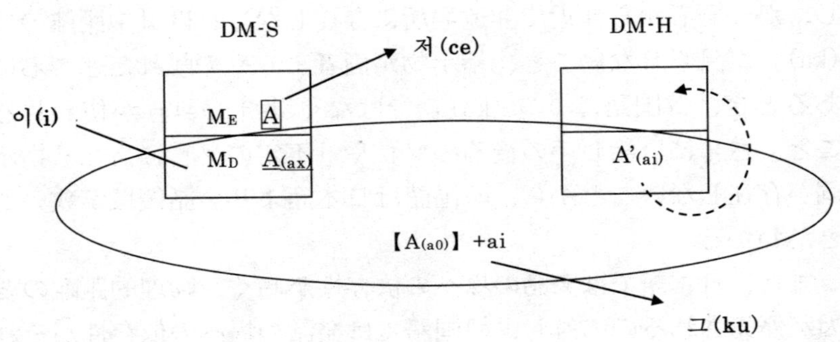


図 9 文脈指示用法における韓国語の談話モデル

(7) ユ (ku) 系: 言語文脈領域に導入された指示対象をさす。
　이 ( i ) 系: 話し手の談話記憶領域にある指示対象を主観的・直示的にさす。
　저 (ce) 系: ほとんどの人の長期記憶領域にある指示対象をさす。

表 3 이 (i)・ユ (ku)・저 (ce) の指示領域

| | |
|---|---|
| 이 (i) | 話し手領域内 |
| ユ (ku) | 話し手領域外 |
| 저 (ce) | 会話領域外 / 言語文脈領域外 |

## 8.2 本研究の意義と今後の課題

本研究では、東郷（2000）による談話モデルを修正することによって、金水・田窪や東郷のモデルでは説明できない指示詞の現場指示用法と文脈指示用法を説明することができた。さらに人称区分の原理から出発し、指示詞の選択は話し手による認知的判断の違いによるものと考え、指示詞の現場指示用法と文脈指示用法の統一的一般化もできた。また、このモデルを用いて日中韓三言語の指示体系の共通点と相違点の分析もできた。

このモデルは指示詞に限らず指示詞表現全般に対しても説明力を持つと考えられ、今後は記述の対象を広げ、理論の検証と洗練を目指したい。また、中国語と韓国語指示詞では、領域の決定要因に不明な点が残っており、まだはっきりとはしていない。この点も今後の課題としたい。

# 参考文献


[1] 庵功雄. コノとソノ—文脈指示の二用法— [M] // 宮島達夫, 仁田義雄. 日本語類義表現の文法(下). 東京:くろしお出版, 1995 : 619-631.

[2] 庵功雄. 指示と代用 : 文脈指示における指示表現の機能の違い [J]. 現代日本語研究 3, 1996 : 73-91.

[3] 庵功雄. Frontier series 日本語研究叢書 21 日本語におけるテキストの結束性の研究 [M]. 東京 : くろしお出版, 2007.

[4] 井上優. 日本語文法のしくみ [M]. 東京 : 研究社, 2002.

[5] 今井新悟. 指示詞領域の決定要因 [J]. 日本認知言語学会論文集, 2003a(3) : 204-214.

[6] 梅田博之. 朝鮮語と日本語 [J]. 朝鮮学報, 1973(69) : 165-180.

[7] 梅田博之. 朝鮮語の指示詞 [M] // 森岡健二, 国広哲弥, ほか. 講座日本語学 12 (外国語との対照 3). 東京 : 明治書院, 1982 : 173-184.

[8] 王亜新. 文脈指示における日本語と中国語の指示詞の相違—日文中訳作品の実例分析 [J]. 言語と文化 : 東洋大学紀要, 2004(4) : 83-98.

[9] 岡崎友子. 「コソアで指示する」ということ—直示 (ダイクシス) についての覚書 [J]. 語文, 2004(83) : 59-70.

[10] 神尾昭雄. 情報のなわ張り理論:言語の機能的分析[M]. 東京:大修館書店, 1990.

[11] 金原鎰. 日本語の指示詞「コ・ソ・ア」—韓国語の指示詞「이(i) ・「ユ (ku) ・ 저 (ce)」との対応関係を中心に— [J]. 表

现研究，2000(72)：57-65.

［12］金善美．韓国語と日本語の指示詞の直示用法と非直示用法［M］．東京：風間書房，2006.

［13］木村英樹．中国語指示詞の遠近対立について—「コソア」との対照を兼ねて—［C］// 大河内康憲．日本語と中国語の対照研究論文集（上）．東京：くろしお出版，1992：181-211.

［14］金水敏．日本語の指示詞における直示用法と非直示用法の関係について［J］．自然言語処理，1999，6(4)：67-91.

［15］金水敏．指示詞—直示再考—［J］．別冊国文学．東京：學燈社，2000(53)：160-163.

［16］金水敏，田窪行則．談話管理理論からみた日本語の指示詞［C］// 日本認知科学会．認知科学の発展 Vol.3．東京：講談社，1990：85-115.

［17］金水敏，田窪行則．解説篇　日本語指示詞研究史から／へ［M］// 金水敏，田窪行則．指示詞（日本語研究資料集　第1期第7巻）．東京：ひつじ書房，1992：151-192.

［18］久野暲．日本文法研究［M］．東京：大修館書店，1973.

［19］呉人恵，芦英順，加藤重広．指示詞の照応用法に関する日本語と中国語の対照研究［J］．富山大学人文学部紀要，2005(43)：1-22.

［20］黒田成幸．（コ）・ソ・アについて［C］// 林栄一教授還暦記念論文集刊行委員会．英語と日本語と：林栄一教授還暦記念論文集．東京：くろしお出版，1979：41-59.

［21］小出慶一．指示詞ソ—アの選択について［J］．群馬県立女子大学紀要，1995(16)：9-19.

［22］高革萍．日本語教育における指示詞について—中国人学習者の場合［J］．早稲田大学大学院文学研究科紀要，

2001(47)：189-192.

[23] 阪田雪子．指示語「コ・ソ・ア」の機能について［J］．東京外国語大学論集，1971(21)：125-138.

[24] 坂原茂．メンタル・スペース理論：自然言語理解への新しいアプローチ［C］//安西祐一郎，石崎俊，ほか．認知科学ハンドブック．東京：共立出版，1992：453-465.

[25] 佐久間鼎．現代日本語の表現と語法［M］．東京：厚生閣，1936.

[26] 佐久間鼎．現代日本語の表現と語法［M］．増補版（厚生閣1951年刊行）の復刊．東京：くろしお出版，1983：2-43.

[27] 定延利之．「うん」と「そう」に意味はあるか［C］//定延利之．「うん」と「そう」の言語学．東京：ひつじ書房，2002：75-112.

[28] 讃井唯允．中国語指示代名詞の語用論的再検討［J］．人文学報，1988(198)：1-19.

[29] 徐丹．浅谈这/那的不对称性［J］．中国语文，1988(2)：128-130.

[30] 申惠璟．韓国語の指示詞 i，ku，cho と日本語の指示詞コ、ソ、ア［J］．Sophia Linguistica，1985(18)：102-112.

[31] 正保勇．「コソア」の体系［M］//国立国語研究所．日本語教育指導参考書 8　日本語の指示詞，1981：51-122.

[32] 宋晩翼．日本語教育のための日韓指示詞の対照研究—「コ・ソ・ア」と「이・그・저」との用法について—［J］．日本語教育，1991(75)：136-152.

[33] 外山美佐．日、中両語における指示詞の比較について［J］．筑波大学留学生教育センター日本語教育論集，1994(9)：1-18.

[34] 高橋太郎．「場面」と「場」［J］．国語国文，1956，25(9)：

52-61.

[35] 高橋太郎，鈴木美都代．コ・ソ・アの指示領域について [R] // 国立国語研究所．研究報告集 3．東京：秀英出版，1982：1-44.

[36] 田窪行則．チョムスキー理論の最近の動向 [J]．神戸大学教養部紀要，1984(34)：85-107.

[37] 田窪行則．名詞句のモダリティ [M] // 仁田義雄，益岡隆志．日本語のモダリティ．東京：くろしお出版，1989：211-233.

[38] 田窪行則．対話における聞き手領域の役割について [C] // 日本認知科学会．認知科学の発展 Vol.3．東京：講談社，1990a：67-84.

[39] 田窪行則．対話における知識管理について—対話モデルからみた日本語の特性— [M]．崎山理，佐藤昭裕，青木正博．アジアの諸言語と一般言語学．東京：三省堂，1990b：837-845.

[40] 田窪行則，金水敏．複数の心的領域による談話管理 [M] // 坂原茂．認知言語学の発展．東京：ひつじ書房，2000：251-280.

[41] 田村マリ子．指示詞—朝鮮語이・그・저系列と日本語コ・ソ・ア系列との対照— [J]．待兼山論叢（日本学篇），1978(12)：3-14.

[42] 陳露．中国語の指示語から—日本語との対照をかねて [J]．国文学：解釈と鑑賞，2004，69(7)：188-198.

[43] 堤良一．文脈指示における「その / この」の言い換えについて—名詞が導入する変項に注目した一分析 [J]．日本語・日本文化研究，1998(8)：43-55.

[44] 堤良一．文脈指示における指示詞の使い分けについて [J].

言語研究，2002(122)：45-77.
[45] 東郷雄二．談話モデルと指示：談話における指示対象の確立と同定をめぐって［J］．京都大学総合人間学部紀要，1999(6)：35-46.
[46] 東郷雄二．談話モデルと日本語の指示詞コ・ソ・ア［J］．京都大学総合人間学部紀要，2000(7)：27-46.
[47] 東郷雄二．定名詞句の「現場指示的用法」について［J］．京都大学総合人間学部紀要，2001(8)：1-17.
[48] 中みき子．指示詞「(コ・ソ)・ア」と「这」が対応する時［J］．京都外国語大学研究論叢，1989(34)：425-432.
[49] 中みき子．小説における日・中指示詞の機能の差異について［J］．京都外国語大学研究論叢，1990(35)：278-287.
[50] 新里勝彦．内（ウチ）・外（ソト）の視点：指示詞ソの機能を中心に［J］．沖縄国際大学外国語研究，1998，2(2)：61-77.
[51] 服部四郎．「コレ」「ソレ」と this，that［J］．英語青年，1961，107(8)：4-5.
[52] 堀口和吉．指示語の表現性［J］．日本語・日本文化，1978(8)：23-44.
[53] 堀口和吉．指示詞コ・ソ・アの表現［J］．日本語学，1990，9(3)：59-70.
[54] 三上章．コソアド抄［M］// 三上章．文法小論集．東京：くろしお出版，1970：145-154.
[55] 森田良行．日本語文法の発想［M］．東京：ひつじ書房，2002.
[56] 李長波．指示詞の機能と「コ・ソ・ア」の選択関係について［J］．国語国文，1994，63(5)：37-54.
[57] 李長波．日本語指示体系の歴史［M］．京都：京都大学学術

出版会，2002.

[58] 李瑞芳. 日英中三言語の話し手の主観性—指示詞の主観性と総称名詞の一人称化 [J]. 三重大学日本語学文学，2007(18)：132-119.

[59] 梁慧.「コ・ソ・ア」と「这・那」—日本語・中国語の比較対照研究 [J]. 都立大学方言学会会報，1986(116)：9-18.

[60] 吉田朋彦. 方角と方向の指示詞について [C] // 山田進，菊地康人，籾山洋介. 日本語・意味と文法の風景：国広哲弥教授古稀記念論文集. 東京：ひつじ書房，2000：193-209.

[61] FAUCONNIER G. Mental spaces: aspects of meaning construction in natural language [M]. Cambridge, Mass: MIT Press, 1985.

[62] FILLMORE C J. Lectures on deixis [M]. Stanford:CSLI Publication,1997.

[63] HOJI HAJIME, SATOSHI KINSUI, YUKINORI TAKUBO,et al. The demonstratives in modern Japanese [M] // YEN-HUI, AUDREY LI, Simpson A,et al. Functional structure(s), form and interpretation: perspectives from East Asian languages. London: Routledge,2003:97-128.

[64] HUANG SHUANFAN. The emergence of a grammatical category definite article in spoken Chinese [J]. Journal of pragmatics, 1999(31) : 77-79.

[65] IMAI S. Spatial Deixis [D]. The Ph.D. Dissertation of State University of New York at Buffalo, 2003b.

[66] IMAI S. Spatial deixis in Korean and Japanese: addressee-anchor isolated system versus dual-anchor system [M]//W MCCLURE.Japanese/Korean Linguistics 12.

Stanford, California: CSLI Publications, 2003c:340-351.

[67] TAKUBO YUKINORI, SATOSHI KINSUI. Discourse management in terms of mental spaces [J]. Journal of pragmatics, 1997(28):741-758.

[68] TAO HONGYIN. The grammar of demonstratives in Mandarin conversational discourse: a case study [J]. Journal of Chinese linguistics, 1999, 27(1):69-103.

[69] 吉本啓. 日本語の指示詞コソアの体系 [M] //金水敏，田窪行則. 指示詞(日本語研究資料集　第1期第7巻). 再録. 東京：ひつじ書房，1992：105-122.

[70] ZHANG MIN. A contrastive study of demonstratives in English and Chinese [D]. The Ph.D. Dissertation of Ball State University, 1991.

# 用例の出典

＜日本語文献＞

1.『早春物語』赤川次郎，1985.
（中国語訳『少女的故事』，梁近光訳，广西人民出版社，1986.）
2.『海と毒薬』遠藤周作，1971.
（韓国語訳『바다와 독약』，이평아訳，가톨릭 출판사，2001）
3.『三四郎』夏目漱石，1908.
（中国語訳『三四郎』，吴树文訳，上海译文出版社，2010.）
4.『ダンス・ダンス・ダンス』村上春樹，1983.
（中国語訳『舞！舞！舞！』林少华訳，上海译文出版社，2002.）
5.『談話：待遇表現』日本語記述文法研究会編，くろしお出版，2009.
6.『ノルウェイの森』村上春樹，1987.
（中国語訳『挪威的森林』，林少华訳，上海译文出版社，2001.）
7.『日本語文法セルフ・マスターシリーズ　指示詞』金水敏・木村英樹・田窪行則，くろしお出版，1989.
8.『羊をめぐる冒険』村上春樹，1982.
（中国語訳《寻羊冒险记》林少华訳，上海译文出版社，2001.）
9.『氷点』三浦綾子，1965.
（中国語訳『冰点』，李建华 杨晶 陈喜儒訳，外国文学出版社，1987.）
10.『舞姫』森鴎外，1890.
（現代語訳　山崎一穎訳，2006.）
（韓国語訳『모리 오가이 단편집』，손순옥訳，지식을 만드는 지식，2008.）

＜中国語文献＞

1.『插队的故事』史铁生，1994.
（日本語訳『遥かなる大地』，山口守訳，日本宝島社，1994.）
2.『盖棺』陈建功，1979.
（日本語訳『棺を蓋いて』，岸陽子 斎藤泰治訳，早稲田大学出版部，1993）
3.『活动变人形』王蒙，1987.
（日本語訳『応報』，林芳訳，白帝社，1992）
4.『家』巴金，1931.
（日本語訳『家』，飯塚朗訳，岩波書店，1956.）
5.『骆驼祥子』老舍，1982.
（日本語訳『駱駝祥子』，市川宏　杉本達夫訳，河出書房新社，1989.）
6.『棋王』阿城，1984.
（日本語訳『チャンピオン』，立間祥介訳，徳間書店，1989.）
7.『倾城之恋』张爱玲，1943.
（日本語訳『傾城の恋』，池上貞子訳，株式会社平凡社，1995）
8.『人到中年』谌容，1980.
（日本語訳『北京の女医』，田村年起訳，第三文明社，1984.）

＜韓国語文献＞

1.『濁流』蔡萬植，1937.
（日本語『濁流』，三枝壽勝訳，講談社，1999.）
2.『朝鮮日報』1995.

# 謝　辞

本論文を完成させるまでに多くの方々が力になってくださいました。記して感謝の意を表したいと存じます。

研究活動全般にわたり御指導と御高配を賜りました指導教員である東北大学国際文化研究科中本武志准教授に謝意を表します。中本先生からは研究生の時から今日に至るまで、研究に臨む基本姿勢とともに言葉を研究することの楽しさを学びました。また本論文の直接の指導および審査ばかりでなく、さまざまな学会発表や雑誌への投稿などの研究活動の際にも多くの時間を割いて原稿に目を通していただきました。同研究科の宮本正夫先生、小野尚之先生、ナロック・ハイコ先生、上原聡先生には博士論文の審査を引き受けてくださり、また論文について沢山の貴重なコメントをいただきました。心よりお礼申し上げます。

また、言語コミュニケーション論講座の研究室で学んできた7年間には、先輩や同級生、後輩の方々に大変お世話になりました。特に研究科フェローの李美賢氏には、演習発表資料や投稿論文などをいつも丁寧に読んでいただくだけでなく、韓国語の用例についてもインフォーマントとして研究にご尽力くださいました。ここに衷心より感謝申し上げます。博士論文の作成に当たって、福原裕一氏、金炫妸氏、尹美賢氏、馬薦氏にお忙しい中、日中韓用例の調査に協力していただき、貴重なアドバイスをくださいました。厚くお礼を申し上げます。優秀で熱意あふれる研究室の方々に恵まれたことは、私の幸せであり、誇りでもあります。

最後に、これまで自分の思う道を進むことに対し、温かく見守りそして辛抱強く支援してくださった家族や常に励まし続けてくれた友人たちに深く感謝の意を込めてこの論文を捧げます。

本研究の成果が皆々様のご期待に沿うものかどうか甚だ疑問ではありますが、ここに重ねて厚く謝意を表し、謝辞といたします。

2011 年 11 月　仙台にて

郭　玉英